KB150663

시로 여는
한 학기
한 권 읽기

시로 여는
한 학기
한 권 읽기

초판 1쇄 인쇄_2021년 10월 25일 | **초판 1쇄 발행**_2021년 10월 30일
지은이_최규홍 · 류춘희 · 이혜진 · 홍혜경 · 황진숙
펴낸이_진성옥 외 1인 | **펴낸곳**_꿈과희망
주소_서울시 용산구 한강대로 76길 11–12 5층 501호
전화_02)2681–2832 | **팩스**_02)943–0935 | **출판등록**_제 2016–000036호
e-mail_jinsungok@empal.com
ISBN_979–11–6186–082–4 03370

시로 여는
한 학기
한 권 읽기

최규홍 · 류춘희 · 이혜진 · 홍혜경 · 황진숙 지음

꿈과희망

'시로 여는 한 학기 한 권 읽기'가 한 학기 한 권 읽기 수업에 새로운 힘이 되길 바라며

저희 공저자들은 학교 현장에서 오랜 기간 국어 수업을 고민하고 실천해 왔습니다. 그리고 국어 수업의 전문가로서 정기적인 모임을 통해 영역별 맞춤형 수업과 특색 있는 수업에 대한 논의를 해 왔습니다. 그러던 중 2015 개정 교육과정으로 인해 구체화된 한 학기 한 권 읽기 수업은 긴 호흡으로 한 권의 책을 다양하고 깊이 있게 읽을 수 있는 장을 마련해 주었습니다. 이는 기존의 국어 수업에서 느꼈던 아쉬움을 어느 정도 해소할 수 있게 해 주었습니다. 국어 수업이 목표를 중심으로 이루어지다보니 좋은 글감을 갖고도 그 속에 담긴 의미와 재미를 충분히 즐기지 못했던 아쉬움을 해소할 수 있게 된 것입니다.

한 학기 한 권 읽기 수업은 짧은 기간에 국어 수업의 지평을 거침없이 확대했습니다. 학습자들이 선택한 글을 바탕으로 다양한 수업 전략과 재미있는 교실 활동들이 이루어지면서 국어 수업이 생기를 띠기 시작했습니다. 하지만 독서 단원의 수업들이 진행되면 될수록 특정 장르의 텍스트를 선택하는 일이 많아지고, 비슷한 활동을 중심으로 수업이 이루어지는 경우가 많아졌습니다. 앞서 와는 또 다른 갈증이 생기게 된 것입니다. 이때 공저자들의 관심을 끈 것이 '시'였습니다.

시 텍스트는 한 학기 한 권 읽기 수업에서 자주 다루어지지 않는 장르 중 하나입니다. 학교 도서관에는 다양한 시집들이 꽂혀 있지만 아이들의 선택을 받지 못하기도 합니다. 공저자들은 시가 가진 문학적 가치와 장르적 중요성을 제외하더라도 아이들에게 시 읽기의 즐거움과 재미를 느끼게 해 주고 싶었습니다. 그런 이유로 시를 활용해 한 학기 한 권 읽기 수업을 진행하였고, 그 수업에서 공저자들이 느끼고 배운 것을 함께 공유하고 싶어 이 책을 펴내게 된 것입니다.

이 책은 크게 두 부분으로 이루어져 있습니다. 1부는 한 학기 한 권 읽기와 시 수업을 어떻게 연결할 것인가의 문제를, 2부는 시와 함께 하는 다양한 한 학기 한 권 읽기 수업의 실제를 다루고 있습니다. 특히 2부에서는 동시집과 함께하는 읽기 수업, 시와 이야기가 함께 하는 읽기 수업, 시와 연극이 함께 하는 읽기 수업 등으로 나누어 교실 현장에서 일어나는 다양한 이야기들을 담았습니다. 그리고 수업 후 성찰까지 글로 담았습니다. 수업 장면을 글로 펴낸다는 것이 부끄럽기도 하였지만 한 학기 한 권 읽기 수업에 대한 다양한 논의거리를 제공한다는 측면에서 있는 그대로의 모습을 담으려고 노력하였습니다.

이 책이 나오기까지 여러 도움들이 있었습니다. 대구광역시교육청에서 연구회를 운영할 수 있게 지원을 해 주었고, 여러 선생님들이 꼼꼼하게 검토도 해 주셨습니다. 그리고 꿈과 희망 출판사의 편집진도 책이 나올 수 있게 지속적으로 도와 주셨습니다. 지면을 빌려 감사의 인사를 전합니다.

가을의 문턱에서
저자 일동

1부

한 학기
한 권 읽기와
시 수업

1장
2015 개정 국어과 교육과정과 한 학기 한 권 읽기

1. 2015 개정 국어과 교육과정의 독서 교육 강화

한글 교육, 독서 교육, 연극 교육의 강화를 내세우고 있는 2015 개정 국어과 교육과정에서는 〈표 1〉과 같이 '4. 교수·학습 및 평가의 방향'에서 구체적으로 '한 학기에 한 권 읽기'에 대한 내용을 진술하고 있습니다. 여기에서 초점을 두고 봐야 할 것은 '한 학기에 한 권', '학습자 개인의 특성에 맞는 책', '도서 준비와 독서 시간 확보', '생각을 나누는 통합적 독서 활동' 등입니다. '한 학기에 한 권'은 책의 분량을, '학습자 개인의 특성에 맞는 책'은 책의 수준을, '도서 준비와 독서 시간 확보'는 물리적 환경을, '생각을 나누는 통합적 독서 활동'은 독서 활동에 관해 진술한 것으로 볼 수 있습니다.

〈표 1〉 2015 개정 국어과교육과정의 '한 학기 한 권 읽기' 관련 내용(교육부, 2015)

2015 개정 국어과 교육과정

4. 교수 · 학습 및 평가의 방향

가. 교수 · 학습 방향

2) 국어 활동의 총체성을 고려하여 통합형 교수 · 학습을 계획하고 운용한다.

⑥ 한 학기에 한 권, 학년(군) 수준과 학습자 개인의 특성에 맞는 책을 긴 호흡으로 읽을 수 있도록 도서 준비와 독서 시간 확보 등의 물리적 여건을 조성하고, 읽고, 생각을 나누고, 쓰는 통합적인 독서 활동을 학습자가 경험할 수 있도록 한다.

※ '읽고, 생각을 나누고, 쓰는' 통합적인 수업 설계 시 다양한 성취 기준을 연계할 수 있음.

예) [4국02-05] 읽기 경험과 느낌을 다른 사람과 나누는 태도를 지닌다.

[4국03-05] 쓰기에 자신감을 갖고 자신의 글을 적극적으로 나누는 태도를 지닌다.

[4국05-05] 재미나 감동을 느끼며 작품을 즐겨 감상하는 태도를 지닌다.

교육과정에서 제시하고 있는 '한 학기 한 권'에 대한 내용을 좀더 구체적으로 살펴보려면 〈표 2〉의 '교과용 도서 편찬상의 유의점'을 보면 됩니다. 교과용 도서 편찬 상의 유의점에는 교육과정에서 제시하지 않는 내용이 포함되어 있는데 바로 '교과서 밖의 책'입니다. 교과서에 수록된 책을 읽을 읽는 것이 아니라 교과서 밖의 책을 별도로 선정하여 한 학기 동안 책을 읽게 하고 있는 것이 특징입니다.

<표 2> 2015 개정 국어과 교과용 도서 편찬상의 유의점

2015 개정 국어과 교과용 도서 편찬상의 유의점
(7) 매 학기 한 권, 교과서 밖의 책을 수업 시간에 완독하고, 타인과 생각을 나눈 후 자기 생각을 쓰는 데 도움이 되도록 통합적인 수업 활동을 개발한다.

그리고 '책을 오롯이 읽고', '다른 사람과 생각을 나누고', '자신의 생각을 쓰는' 활동을 강조하고 있음도 알 수 있습니다. 이는 독서가 개인의 사고 활동이지만 교육 차원에서 타인과의 생각 나누기를 통해 교실 공동체, 해석 공동체를 만들어 다양한 생각을 받아들일 수 있게 하고 있습니다. 이러한 과정을 바탕으로 자신의 생각을 정리하게 하고 있어 생각을 만들어 가는 과정을 학습하게 하는 목적도 내포되어 있음을 짐작할 수 있습니다.

2. 다양한 독서 교육의 흐름과 연계

'한 학기 한 권 읽기'는 어느 순간 갑자기 나온 것이 아니라 국내·외의 다양한 독서 운동의 영향을 받았다고 볼 수 있습니다. 여기서는 대표적으로 '슬로리딩'과 '온책읽기'를 살펴보도록 하겠습니다.

가. '슬로리딩[1]'과 독서 교육

1) 배경

슬로리딩이 관심을 끌게 된 것은 2011년 일본에서 『기적의 교실』이라는 책이 발간되면서 부터입니다. 책의 배경은 일본 고베 시 나다 중학교이고 당시 사회적 저명인사들이 책 속의 중학생으로 등장하는 것에 사람들이 관심을 갖게 됩니다.

슬로리딩의 지도 교사인 하시모토 다케시는 30여 년간 나다 중학교 국어교사로 재직하면서 자신이 맡은 학생들에게 특별한 국어 수업을 진행합니다. 그 결과 1968년 졸업생의 경우 250여 명 중 120명이 도쿄대에 진학하는 놀라운 일이 발생하고, 40여년이 지난 후 (책이 출간될 시점) 이들은 일본 사회의 정신적 리더 역할을 하고 있습니다.

하시모토 다케시는 『은수저』라는 한 권의 책으로 6년 간 맡은 학생들의 국어 수업을 진행하는데, 『은수저』는 1913년 「아사히 신문」

---

1) 슬로리딩은 보통명사로 '느리게 읽기'라는 의미를 가진다. 그러나 현재 학교 교육에서는 고유명사로 하시모토 다케시의 '슬로리딩 수업'을 일컫는 용어로 사용되고 있다.

에 연재되었던 나카 간스케의 소설로 최근까지 120만 부가 팔려 나갈 정도로 일본 내에서 유명한 소설입니다. 『은수저』는 어린아이의 눈으로 바라본 세계와 자연의 변화가 잘 표현된 성장 소설로 20세기 초 일본에서 사용된 고대어부터 현대어까지 다양하고 의미 있는 여러 일본어가 등장합니다.

슬로리딩 수업은 매 시간마다 조금씩 책을 읽고 / 책 속에 등장하는 단어 하나에 주목하여 낱말의 쓰임새를 조사해보고 / 단락의 주제와 소재에 주목해 제목을 붙여 보고/ 주인공의 행동과 생각과 판단에 대한 토론을 실시하고/ 주제를 정해 글쓰기도 하는 등의 활동으로 이루어졌습니다. 즉, 교재는 한 권이었으나 공부의 폭과 넓이는 무한대로 넓혀지는 수업이었던 것입니다.

2) 특징

슬로리딩 수업을 받은 학생들은 해당 수업의 특징으로 가장 먼저 재미있는 수업을 언급했습니다. 수업 시간에 게임을 하고 주제를 정해 발표를 하고, 때론 교실 밖에 나가 관찰하고 조사하고 체험하는 과정을 거치면서 공부는 재미있는 것으로 생각하게 했던 것입니다. 국어는 일상생활 전반에 걸쳐 배움이 있는 것으로 무언가 모르는 것을 알기 위해서는 스스로 움직여야 한다는 것을 배우게 되었습니다. 둘째로 생각하는 수업입니다. 자신의 생각을 정리하고, 생각에 생각을 이어나가고, 상황과 형편에 따라 생각을 전환하고 자신의 생각에 의미를 부여하는 활동을 통해 끊임없이 생각을 해야 하는 수업으로 기억합니다. 셋째, 공부를 두려워하지 않게 만드는 수업입니다. 예습과 복습이 이루어지는 수업이 귀찮고 버거운 작업이었지만 '공부하는 인간', '생각하는 인간', '자신의 생각과 느낌을 제대로 표현하는 인간'을 만들기 위해 노력하는 수업이었습니다. 넷째, 어른이 되어 고마워하는 수업입니다. 1980년대 중반에 하시모토 교사가 퇴직을 하면서 슬로리딩 수업은 끝이 났지만 그의 제자들이 하는 수업에 대한 이야기가 슬로리딩을 부각하게 만든 것처럼 졸업을 하고 나서 그 때 배운 수업에 대해 고마움을 갖게 하였습니다.

나. '온책 읽기'와 독서 교육

1) 배경

많은 교사들에게 영향을 준 '온책 읽기'는 '남한산초등학교'에서 시작된 용어입니다. 교과서 속에 나오는 글을 완전하게 읽자는 '완전텍스트 읽기, 원작 읽기' 등의 용어를 아이들과 함께 부르는 이름으로 바꾼 말에서 시작되었습니다. '온작품 읽기', '온책 읽기'의 '온'은 관형사로서 '전체, 전부' 또는 '모두의'라는 뜻을 담고 있거나, 접두사로서 일부 명사 앞에 붙어 '꽉 찬', '완전한'의 의미를 더하는 말입니다.

'온작품 읽기'란 '온전한 작품을 읽는다.'의 의미로 '온전한'과 '작품'은 교육 내용을 말하며, '읽는다'는 교육의 방법을 말합니다. 온작품 읽기의 조건은 온전함(온전한 작품을 가지고 읽기), 작품(아이들의 삶과 맞닿아 있는 작품)과 읽기(작품의 뜻을 헤아리는 것에서 나아가 가치를 탐구하고 내 삶에 적용해 보는 것)에 있습니다. 온책 읽기를 시작한 남한산초등학교 김영주 교사는 '온책 읽기'가 온만화, 온영화, 온동화, 온시, 온연극 따위를 모두 싸안을 수 있는 용어라고 말합니다. 이러한 온책 읽기는 현재 '온전한 문학 작품 읽기'

가 주를 이루고 있어 온작품 읽기 등의 용어로 사용되고 있습니다.

2) 주요 활동

온작품 읽기의 주요 활동을 읽기 전, 중, 후로 나누어 살펴보겠습니다. 읽기 전 활동으로는 책을 읽기에 앞서 작가, 출판사 등의 서지 정보를 일러주고 제목이나 표지의 그림 등을 살펴보면서 앞으로 일어날 일을 예측하는 활동이 중심이 됩니다. 이때 아이들의 경험을 끌어오기 위한 질문을 제공하면 더욱 좋습니다. 읽기 중 활동으로는 교사의 작품 읽어주기, 짝끼리 읽어 주기, 모둠에서 돌아가며 읽기 등 다양한 형태로 글을 읽는 활동이 이루어집니다. 글 속의 유의미한 대목에서 이어질 내용을 상상하거나 다시 한 번 되짚어 보는 질문을 하는 활동 등이 추가되면 좋습니다. 읽기 후 활동으로는 작품의 사건을 정리해 보고, 인물의 성격과 주제를 파악하는 활동이 중심이 됩니다. 자신의 생각과 느낌을 글로 쓰는 활동이 중요합니다.

온작품 읽기는 읽어주기를 통해 작품을 '듣고', 그 과정 속에서 각자의 생각을 '말하고', 다시 작품을 '읽고', 자신의 생각과 느낌을 '쓰고', 친구들과 '토론하고' 더 나아가 다시 깊게 '쓰는' 과정을 거치면서 하나의 작품을 온전하게 감상하는 것이 초점을 두고 있습니다.

다. '한 학기 한 권 읽기' 관련 용어 비교

이상에서 살펴본 여러 가지 독서 운동과 국어교과의 전통적인 읽기 수업 전략을 비교하면 다음 〈표 3〉과 같습니다.

〈표 3〉 '한 학기 한 권 읽기' 관련 용어 비교

용어	개념	도서 선정 방식 (지정/선택)	실행 시기
한 학기 한 권 읽기 (독서단원)	– 한 학기 한 권, 교과서 밖의 책을 수업시간에 끝까지 읽고, 타인과 생각을 나눈 후 자기 생각을 쓰는 데 도움이 되도록 하기 위한 2015 개정 국어 교과 특별 단원	• 자기 선택 • 지정 도서	주로 국어 교과 시간
느리게 읽기 (Slow Reading)	– 일본 하시모토 다케시가 시대상을 반영한 자전적 소설 『은수저』(나카 간스케)를 학생들에게 지정도서로 선정하고 모든 교과 학습을 함. – 하나의 책으로 낱말 탐구, 독서토론 및 글쓰기 등의 다양한 활동 실시	• 지정도서	주로 국어 교과 시간
지속적 읽기 (묵독) (Sustained Silent Reading)	– 학급 또는 한 학교 전체가 교사를 포함하여 정해진 시간 동안 지속적으로 묵독에 참여함.	• 자기 선택 • 지정도서	주로 아침 시간, 점심 시간 등
꼼꼼히 읽기 (자세히 읽기) (Close reading)	– 텍스트의 구체적인 내용과 특성에 근거한 분석적 독해, 텍스트 전체 의미에 대한 깊이 있는 읽는 정교한 읽기	• 지정도서 • 자기 선택	모든 교과 시간
온작품 읽기 / 온책 읽기	– 온전히 한 권의 책을 처음부터 끝까지 함께 읽고 질문하고 생각을 나누는 책 읽기 – 국어 교과서 제재 중 온작품(온책)이 실리지 않은 제재를 읽음(또는 추천도서 포함). – 온작품(문학) 읽기/온책 읽기 등으로 사용	• 지정 도서 (국어교과서 문학 제재) • 자기 선택	아침 자습 시간, 점심 시간 등, 국어 교과 시간

3. '독서 단원'의 구성과 운영

가. 설정 의도

2015 개정 국어과 교육과정과 교과용 도서 편찬상의 유의점을 바탕으로 만들어진 '한 학기 한 권 읽기' 단원을 교과서에서는 '독서 단원'으로 명명하고 있습니다. 즉, '독서 단원'이라 함은 2015 개정 초등학교 3학년에서 고등학교 1학년까지[2] '매 학기 한 권, 교과서 밖의 책을 수업시간에 끝까지 읽고, 타인과 생각을 나눈 후 자기 생각을 쓰는 데 도움이 되도록' 하기 위한 특별 단원을 말합니다.(교육부, 2018)

'독서 단원'은 2015 개정 교육과정의 '한 학기 한 권 읽기'를 현장 중심으로 해석한 단원으로 책 한 권을 긴 호흡으로 읽고, 듣고, 말하고, 쓰는 실제 활동을 통해 관련 성취기준을 통합하여 배울 수 있도록 구안되었습니다. '독서 단원'에서는 국어과 수업 시수 안에서 특별하게 계획된 독서 경험을 제공하며, 교사와 학생이 자율적 선택과 창조적 구성을 하며 교수학습 과정에서 독서가 이루어지도록 설정하고 있습니다.

이러한 독서 단원은 독서 습관의 지속과 내면화를 위해 한 학기에 한 개 단원(3~4학년군 8차시 이상, 5~6학년군 10차시 이상)을 기본으로 하며, 『국어』 단원을 시작하기 전에 제시하여 학교 도서관 및 교실 상황에 따라 수업 시기를 자유롭게 정하는 등 탄력적으로 운영하는 특별 단원의 성격을 띱니다.

---

[2] 공통 교육과정을 기준으로 제시한 내용임.

나. 설정 목적

독서 단원은 독서 교육 강화를 취지로 학생의 독서 습관 지속과 독서 태도 향상을 목적으로 합니다. 즉, 학생 스스로 한 학기 한 권의 책을 선정하여 읽고 독후 활동을 하고 다른 사람과 공유함으로써 독서의 즐거움을 경험하고 느끼게 하기 위함입니다. 독서 단원을 통해 학생들이 책을 읽는 과정에서 자연스럽게 읽기 전략을 익히고, 책을 읽으면서 생각하는 힘을 기르도록 돕습니다.(교육부, 2018)

'한 학기 한 권 읽기' 경험의 축적으로 학생들의 정서와 상상력을 함양하고 생활 속의 독서를 지향함으로써 평생 독자로 성장하는 기반을 마련하는데, 3~4학년은 독서단원을 통해 독서과정에 입문하여 책에 흥미를 느끼면서 습관화하며 마음을 넓히는 단계로 독서과정에서 친구들과 생각을 나누면서 비판적, 창의적인 사고를 키우게 됩니다. 5~6학년은 진로교육이 좀 더 현실화, 구체화되는 시기로 3~4학년의 독서에서 나아가 꿈을 싹트게 하고 슬기를 키우는 독서를 지향합니다. 각자의 꿈이 좀 더 명확한 시기이므로 독서단원을 통해 책 속에서 만나는 새로운 세상 경험은 학생들의 꿈을 갖게 하고 세상을 보는 눈, 즉 슬기를 키워주고자 함입니다.

다. 독서 단원 목표 및 주요 활동

앞서 살펴본 바와 같이 독서 단원은 학년군의 특성을 고려하여 설정하였습니다. 각 단원의 성취 기준은 태도 관련 성취기준이 주를 이루고 있습니다. 3학년 1학기부터 6학년 2학기까지의 성취기준 및 학습목표, 주요 활동은 〈표 4〉와 같습니다.

〈표 4〉 초등학교 독서 단원 목표 및 주요 활동

학년 학기	단원 성취기준	단원 학습 목표	차시 학습 목표	주요 활동
3-1	[4국02-05] 읽기 경험과 느낌을 다른 사람과 나누는 태도를 지닌다. [4국03-05] 쓰기에 자신감을 갖고 자신의 글을 적극적으로 나누는 태도를 지닌다.	책을 끝까지 읽고 중요한 내용이나 인상 깊은 장면을 말할 수 있다.	읽을 책을 정하고 내용을 예상할 수 있다.	• 표지와 그림을 살펴보고 내용 예상하기
			자신의 경험과 관련 지어 책을 읽을 수 있다.	• 자신의 경험과 관련지어 책 읽기
			책 내용을 간추리고 생각을 나눌 수 있다.	• 선택① 새롭게 안 내용 정리하기 • 선택② 인상 깊은 장면 표현하기 • 선택③ 인물에게 선물하기
3-2	[4국05-05] 재미나 감동을 느끼며 작품을 즐겨 감상하는 태도를 지닌다. [4국02-05] 읽기 경험과 느낌을 다른 사람과 나누는 태도를 지닌다.	책을 끝까지 읽고 생각이나 느낌을 말할 수 있다.	읽을 책을 정하고 내용을 예상할 수 있다.	• 제목과 표지를 살펴보고 내용 예상하기
			궁금한 점을 떠올리며 책을 읽을 수 있다.	• 궁금한 점을 떠올리며 책 읽기
			책 내용을 간추리고 생각을 나눌 수 있다.	• 선택① 새롭게 안 내용 정리하기 • 선택② 책 속 좋은 구절 말하기 • 선택③ 닮은 점과 다른 점 찾기
4-1	[4국05-05] 재미나 감동을 느끼며 작품을 즐겨 감상하는 태도를 지닌다. [4국03-05] 쓰기에 자신감을 갖고 자신의 글을 적극적으로 나누는 태도를 지닌다.	책을 꼼꼼히 읽고 중요한 내용이나 인물에 대해 말할 수 있다.	읽을 책을 정하고 내용을 예상할 수 있다.	• 책의 차례와 글을 훑어보고 내용 예상하기
			국어사전을 활용하며 책을 읽을 수 있다.	• 국어사전을 활용하며 책 읽기
			책 내용을 간추리고 생각을 나눌 수 있다.	• 선택① 개념 지도 그리기 • 선택② 상장·주의 만들기 • 선택③ 등장인물 소개하기
4-2	[4국02-05] 읽기 경험과 느낌을 다른 사람과 나누는 태도를 지닌다. [4국05-05] 재미나 감동을 느끼며 작품을 즐겨 감상하는 태도를 지닌다.	책을 꼼꼼히 읽고 생각이나 느낌을 말할 수 있다.	읽을 책을 정하고 내용을 예상할 수 있다.	• 책의 저자와 머리말을 살펴보고 내용 예상하기
			인상 깊은 내용을 정리하며 책을 읽을 수 있다.	• 인상 깊은 내용을 정리하며 책 읽기
			책 내용을 간추리고 생각을 나눌 수 있다.	• 선택① 개념 지도 글기 • 선택② 인물의 행동에 대한 자신의 생각 말하기 • 선택③ 책 광고하기

5-1	[6국01-02] 의견을 제시하고 함께 조정하며 토의한다. [6국02-06] 자신의 읽기 습관을 점검하며 스스로 글을 찾아 읽는 태도를 지닌다. [6국05-05] 작품에 대한 이해와 감상을 바탕으로 하여 다른 사람과 적극적으로 소통한다.	문학 작품을 읽는 능력과 태도를 기를 수 있다.	읽을 책을 정하고 책을 미리 볼 수 있다.	• 읽을 책 정하기 • 책 미리 보기
			책을 즐기며 읽을 수 있다.	• 장면 떠올리며 읽기 • 상상하며 읽기
			책 내용을 간추리고 생각을 나눌 수 있다.	• 독서 토의 하기 • 선택① 책 평가하기 • 선택② 책 띠지 만들기
5-2	[6국05-05] 작품에 대한 이해와 감상을 바탕으로 하여 다른 사람과 적극적으로 소통한다. [6국03-06] 독자를 존중하고 배려하며 글을 쓰는 태도를 지닌다. [6국02-06] 자신의 읽기 습관을 점검하며 스스로 글을 찾아 읽는 태도를 지닌다.	관심 분야와 관련 된 역 사 적 인 물 이 나 사건을 담은 책을 읽는 능 력 과 태도를 기를 수 있다.	읽을 책을 정하고 책을 미리 볼 수 있다.	• 읽을 책 정하기 • 책 미리 보기
			책을 즐기며 읽을 수 있다.	• 사실을 확인하며 읽기 • 비판적으로 읽기
			책 내용을 간추리고 생각을 나눌 수 있다.	• 독서 토론 하기 • 선택① 책 속 인물에게 편지쓰기 • 선택② 독서 신문 만들기
6-1	[6국01-03] 절차와 규칙을 지키고 근거를 제시하며 토론한다. [6국05-05] 작품에 대한 이해와 감상을 바탕으로 하여 다른 사람과 적극적으로 소통한다. [6국02-06] 자신의 읽기 습관을 점검하며 스스로 글을 찾아 읽는 태도를 지닌다.	우리 주변의 문제를 다룬 책을 읽고 독서 능력과 태도를 기를 수 있다.	읽을 책을 정하고 책 내용을 예측할 수 있다.	• 읽을 책 정하기 • 책 내용 예측하기
			책을 깊이 있게 읽을 수 있다.	• 스스로 점검하며 읽기 • 중심 내용 찾으며 읽기
			책 내용을 간추리고 생각을 나눌 수 있다.	• 독서 토론 하기 • 선택① 포스터 만들기 • 선택② 건의하는 글 쓰기
6-2	[6국02-03] 글을 읽고 글쓴이가 말하고자 하는 주장이나 주제를 파악한다. [6국02-06] 자신의 읽기 습관을 점검하며 스스로 글을 찾아 읽는 태도를 지닌다. [6국05-01] 문학은 가치 있는 내용을 언어로 표현하며 아름다움을 느끼게 하는 활동임을 이해하고 문학 활동을 한다.	사 람 들 의 삶 을 다룬 책 을 읽 고 독서 능력과 태도를 기를 수 있다.	자신의 꿈과 관련해 읽고 싶은 책을 정할 수 있다.	• 읽고 싶은 책 정하기 • 책을 읽는 목적 정하기
			책을 깊이 있게 읽을 수 있다.	• 내용을 짐작하며 읽기 • 질문하며 읽기
			책을 읽고 생각을 나눌 수 있다.	• 독서 토의 하기 • 선택① 책을 추천하는 글쓰기 • 선택② 책 광고 만들기

라. 독서 지도 모형

2015 개정 국어과 교육과정에 따른 교과서 및 교사용 지도서는 독서 단원을 지도하는 방법으로 독서 지도 모형을 제시하고 있습니다. 특정한 모형을 사용하기 보다는 독서 전, 중, 후로 구분하여 독서 단원을 효과적으로 운영하는 절차 및 방법을 제시하고 있습니다.(교육부, 2018)

1) 독서 준비 단계

독서 준비 단계는 독서 단원의 구성 취지를 이해하고 독서에 관심을 갖게 하는 입문서와 같은 역할을 합니다. 세부적으로는 [그림 1]과 같이 단원 도입, 읽고 싶은 책 정하기, 읽기 전 활동하기로 구성됩니다.

단원 개관	읽은 싶은 책 정하기	읽은 전 활동하기

• 단원명
• 단원 학습 목표
• 차시 활동 미리보기
	• 독서 참여 형태 정하기
	  (학교, 학년, 학급, 소집
	  단, 개별 등)
	• 읽을 책 선정하기
		• 읽기 전 활동
		  (미리보기 전략)

[그림 1] 독서 준비 단계의 주요 활동

'단원 개관'에서는 독서 단원의 성격을 설명하고, '한 학기 한 권 읽기' 독서활동의 목표를 안내한 후, 단원의 활동 순서를 제시합니다. 도입 지면 양면에 걸쳐 독서활동 단계별 세부 활동을 제시하여 학생들로 하여금 독서 활동을 개관하고 흥미를 자극합니다. 단원의 목표는 3학년은 끝까지 읽기, 4학년은 꼼꼼히 읽기에 초점을 두고 있습니다.

'읽고 싶은 책 정하기'에서는 상황에 맞게 학교, 학년, 학급, 소집단, 개별 등의 독서 참여 형태 선택하고, 자신의 관심 주제와 그동안의 독서 이력, 친구의 관심, 선생님이 권하는 책 등을 알아보고 읽을 책을 정합니다. 책을 선정할 때에는 책의 길이, 주제, 문장의 난이도, 구조, 선행지식, 장르 친숙성, 경험 연관성, 흥미 등과 연관되는지 판단할 수 있게 하는 교사의 시범이나 목록 등을 제시합니다.

'읽기 전 활동하기'에서는 책을 살펴보고 내용을 예상해 보게 하는 미리보기 전략을 활용합니다. 책 그림, 표지, 차례, 저자 등을 살펴보거나 훑어 읽기를 통해 책 내용을 예측하게 합니다.

2) 독서 단계

[독서] 단계에서는 다양한 읽기 방법을 정하여 책을 읽으며, 읽는 중 전략을 활용하며 읽기 몰입 경험을 가질 수 있도록 읽기 시간을 확보합니다. 세부적으로는 [그림 2]와 같이 읽기 방법 정하기, 읽기 중 활동하기로 구성됩니다.

읽기 방식 정하기	읽고 생각하기
• 다양한 책 읽기(읽어주기) 방식 정하기	• 읽는 중 활동하기

[그림 2] 독서 단계의 주요 활동

'읽기 방법 정하기'에서는 학생 묵독, 교사가 책 읽어주기, 교사와 학생 번갈아 읽기, 학생과 학생끼리 번갈아 읽기 등 책 읽기(책 읽어주기) 방법을 정합니다.

'읽기 중 활동하기'는 독서 시간을 충분히 제공하면서, 읽는 중 활동 중에서 선택하고 독서에 몰입하는 경험을 충분히 갖도록 합니다. 학기별로 읽는 중 활동을 위계화 하여 제시하였습니다.(자신의 경험과 관련지어 읽기, 궁금한 점에 대해 자기 질문하며 읽기, 국어사전 활용하기, 읽은 부분 내용 정리하기)

3) 독서 후 단계

[독서 후] 단계에서는 책을 읽고 종합적으로 이해하는 활동, 독서 경험을 다른 사람과 충분히 공유하고 표현하는 활동, 자신의 독서 활동 및 습관을 되돌아보는 활동을 하는 단계입니다. 이 단계의 세부 단계는 [그림 3]과 같이 읽기 후 활동하기, 생각 나누기, 정리하기가 있습니다.

읽기 후 활동하기	생각 나누기	정리하기
• 책 내용 간추리기	• 선택 1. 비문학 도서 • 선택 2. 문학 도서	• 독서 활동 점검하기 • 더 찾아 읽기 • 독서 습관 기르기

[그림 3] 독서 후 단계의 주요 활동

'읽기 후 활동하기'에서는 책 전체의 내용을 간추리거나 줄거리를 간추리는 활동을 통해 책 내용을 종합적으로 이해하도록 합니다.

'생각 나누기'에서는 비문학 도서와 문학 도서에 따라 다양한 독서 활동이 가능합니다. 편의상 '선택 1'은 비문학 독서 활동, '선택 2'는 문학 독서 활동으로 설정하여 학급에서 선택한 도서에 따라 활동을 선택합니다. 교사는 학생들이 자신의 생각과 타인의 생각을 공유하고 표현하는 경험을 통해 독서의 즐거움을 느끼고 깊이 있는 독서 경험을 하는 데 초점을 둡니다.

'정리하기'에서는 자신의 독서 활동을 점검하는 활동을 합니다. 그리고 주제, 작가, 소재, 장르 등의 요소와 연관 지어 다양한 책을 찾아보고 앞으로의 독서 계획을 세움으로써 독서를 생활화하도록 합니다. 또한 평소 자신의 독서 습관을 돌아보고 점검하면서 바람직한 독서 습관을 가지도록 합니다.

4. 다양한 독서 활동 전략

독서 활동은 책을 읽기 전, 중, 후에서 다양한 형태로 이루어질 수 있습니다. 특정한 방법이나 전략이 있는 것이 아니라 책에 대한 이해를 높여 주거나, 생각을 정리하거나, 추론·비판할 수 있는 다양한 활동들이 포함되면 됩니다. 여기서는 읽기 전, 중, 후에서 할 수 있는 다양한 활동을 제시함으로써 독서 활동의 스펙트럼을 넓혀 보고자 합니다.

또한 '독서 단원'에서 중요하게 여기는 '책 선정 전략'은 별도로 제시하여 그 중요성을 다시 한 번 생각하게 하였습니다.

가. 읽기 전 활동 전략

〈표 5〉 읽기 전 활동 전략

활동 명	지도 요소	활동 형태
제목과 표지로 놀자	질문 대화를 활용한 제목과 표지 탐색	개인/모둠/학급
목차로 놀자	목차로 내용 예측하기	개인/모둠/학급
나만의 책 표지 만들기	책 표지 꾸미기	개인
책 속의 낱말 속으로	모르는 낱말의 뜻을 찾고 간단한 문장 만들기	개인/모둠
책 광고 만들기	책에 대한 관심과 애정 표현하기	개인/모둠
꿈 찾기, 책 찾기	꿈을 열어 주는 책 찾기	개인/모둠

활동 명	지도 요소	활동 형태
다른 과목에서 읽을 책 고르기	해당 학년/학기의 다른 교과 내용에서 읽고 싶은 책 고르기	개인/모둠/학급
깊이 있는 읽기, KWL	책을 읽고 알고 있는 것, 알고 싶은 것, 알게 된 것 찾기	개인/모둠
짧은 공감 시와 친구하기	창의적 공감 시를 활동하여 시와 가까워지기	학급
독서 계획 세우기	독서 활동 계획 세우기	개인/모둠

나. 읽기 중 활동 전략

〈표 6〉 읽기 중 활동 전략

활동 명	지도 요소	활동 형태
개념 사전 만들기	중요한 낱말의 개념 사전 만들기	개인/모둠
비주얼 씽킹 활동 의미 구조도 그리기	비주얼 씽킹을 활용한 글 내용 의미 구조도 그리기	개인
책 속 가치 보물찾기	책 속 가치 요소 찾기	개인
인물 일기 쓰기	책 속 인물의 입장이 되어 일기 쓰기	개인
떠오르는 장면 그리기	시의 이미지를 그림으로 나타내기	개인/모둠
어떻게 읽을까?	실감나게 읽기	개인/모둠
이야기 장면 정지 화면으로 표현하기	나만의 그림책 만들기	모둠

활동 명	지도 요소	활동 형태
네 컷 만화 그리기	인물의 특성이 드러나게 네 컷 만화 그리기	개인/모둠
알록달록 시 낭송법과 재미음미 모둠 낭송	시를 시답게 음미하며 읽기	개인/모둠/학급
나의 시집, 나의 시	공감 시 고르고 까닭 말하기	개인/모둠/학급

다. 읽기 후 활동 전략

〈표 7〉 읽기 후 활동 전략

활동 명	지도 요소	활동 형태
독서 강연회	책을 읽고 알게 된 점과 느낀 점을 바탕으로 강연회 열기	모둠/학급
독서 토의(토론)하기	책 속의 문제 상황으로 토의(토론) 하기	모둠/학급
도전 골든벨	책 읽고 책 내용 퀴즈 대회 하기	모둠/학급
독서 달력 만들기	책 내용 간추려 달력 만들기	개인/모둠
독서 의미 부여하기	이미지 카드와 가치 카드로 독서 의미 부여하기	개인/모둠
이름으로 놀자	인물의 명대사 찾기 및 성격 파악하기	개인/모둠/학급
시 바꾸어 쓰기	경험이 드러난 시 찾아 내 경험으로 바꾸기	개인/모둠/학급
나도 쓸 수 있어요	시 깊게 읽고, 시 창작하기	개인/모둠
삶을 담은 시로 소통하기	시와 내 생활 비교하고 이야기 나누기	개인/모둠/학급
작가를 찾아서	저자에게 호기심 갖고 창작에 자신감 갖기	모둠/학급

활동 명	지도 요소	활동 형태
우리만의 백과사전	책을 읽고 알게 된 지식으로 백과사전 만들기	모둠/학급
작가와의 만남	작가와 인터뷰하기	모둠/학급
독후 재능 기부	생활 속 나눔과 배려 실천하기	학급

라. 책 선정 전략

'독서 단원'에서는 스스로 책을 선택하는 것을 매우 중요하게 여기고 있습니다. 텍스트 요인과 독자 요인, 맥락 요인 등을 고려하여 스스로 책을 선택할 수 있는 능력을 길러 평생 독자를 만든다는 관점에서 책을 스스로 선택하는 것을 중요하게 여깁니다.

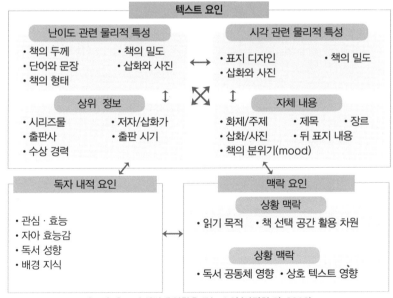

[그림 4] 도서 선정에 영향을 주는 요인(이경화 외, 2018)

책을 선정하는 데에는 여러 가지 요인들의 영향을 받습니다. [그림 4]에서 볼 수 있는 것처럼 크게 텍스트 요인, 독자 요인, 맥락 요인으로 구분할 수 있습니다. 책을 선정하는 데에는 독자 요인이 중요하겠지만 교실 수업이라는 특성을 고려할 때 텍스트 요인과 맥락 요인을 고려하여 책을 선정하는 방법을 알려 주기도 해야 할 것입니다.

이러한 요인에 의해 책을 선정하는 전략으로는 '북매치(BOOKMATCH) 전략'이나 '다섯 손가락 전략'을 활용할 수 있습니다. 책을 선정할 때 많이 사용하는 '북매치(BOOKMATCH) 전략'을 간단히 소개하면 〈표 8〉과 같습니다.

〈표 8〉 북매치(BOOKMATCH) 전략(이경화 외, 2012)

단계		책 선정을 위한 기준
B	책의 길이 (book of length)	이 책은 나에게 알맞은 길이인가? 너무 적은가, 아니면 너무 많은가? 이 책을 접하고 싶은 생각이 드는가?
O	일상 언어 (ordinary language)	이 책의 아무 쪽이나 펴서 읽었을 때, 자연스럽게 들리는가? 유창하게 읽히는가? 의미는 이해할 수 있는가?
O	구조 (organization)	이 책은 어떻게 구조화되어 있는가? 책 한 쪽에 들어 있는 단어의 수는 적절한가? 책의 장은 짧은가, 긴가?
K	책의 선행 지식 (knowledge prior to book)	이 책의 주제, 내용, 저자, 삽화가 등 책에 대해 이미 알고 있는 것은 무엇인가?
M	다룰 만한 텍스트 (manageable text)	이 책을 읽기 시작했을 때, 단어들이 쉬운가, 어려운가? 읽는 것을 이해할 수 있는가?
A	장르에 대한 매력 (appeal to genre)	이 책의 장르가 무엇인가? 전에 이러한 장르의 글을 읽은 경험이 있는가? 이 장르를 좋아하는가?
T	주제 적합성 (topic appropriate)	이 책의 주제가 편안한가? 이 주제에 관한 글을 읽을 준비가 되어 있다고 생각하는가?

단계		책 선정을 위한 기준
C	연관 (connection)	이 책은 어떤 사물이나 어떤 사람을 떠올리게 하는가? 이 책과 연관 지을 수 있는 것을 떠올릴 수 있는가?
H	높은 흥미 (high-interest)	이 책의 주제에 대해 흥미가 있는가? 저자나 삽화가에 대해서 흥미가 있는가? 이 책은 다른 사람이 추천한 것인가?

다섯 손가락 전략은 이보다도 좀 더 간단합니다. 학생들이 책을 읽을 때 영향을 받는 것이 주로 어휘와 문장이므로 여기에 초점을 두고 책을 선정하게 하는 전략입니다. 다섯 손가락 전략은 〈표 9〉에 제시한 내용과 같은데 읽고 싶은 책 한 권을 선정한 후 임의의 한 쪽을 펼친 후 책을 읽어가며 모르는 낱말이 나올 때마다 손가락을 한 개씩 꼽아보는 활동을 합니다. 그리고 한 쪽을 다 읽었을 때 모르는 낱말이 얼마나 많이 나오는지를 선정 기준으로 삼습니다.

〈표 9〉 다섯 손가락 전략

5 or more fingers up : too hard and challenging, save for later book
4 fingers up : challenging, OK to try
2~3 fingers up : just right, perfect choice, enjoy your book
0~1 fingers up : too easy, vacation book, you need a challenge

〈표 9〉에 제시된 것처럼 모르는 낱말이 너무 많아도, 또는 너무 적어도 수업 시간에 읽기에 적절한 책이 아닐 수 있습니다. 그러므로 수업 시간에 읽기 적절한 책은 약간의 모르는 낱말이 포함된 책이 좋습니다.

2장
시를 활용한
한 학기 한 권 읽기 수업하기

1. 한 학기 한 권 읽기 수업 운영 방안

한 학기 한 권 읽기 수업은 독서 단원을 중심으로 이루어집니다. 독서 단원을 어떻게 운영할 것인가는 교사의 생각에 따라 많이 달라질 수 있습니다. [그림 5]와 같이 독서 단원을 운영하기 전에 여러 가지 고려할 사항들을 생각한 후 독서 단원을 운영하는 것이 필요합니다.(교육부, 2018)

[그림 5] 독서 단원 운영 방안

가. 통합 여부 결정

독서 단원을 운영할 때 제일 먼저 고려할 것은 통합 여부입니다. 독서 단원을 단독으로 운영할 것인지 다른 단원과 통합하여 운영할 것인지는 독서 단원을 운영하는 데 큰 차이를 보입니다. 또한 통합을 한다고 하더라도 국어 교과 내에서 할 것인지 다른 교과와 연계할 것인지도 통합의 방법에 따라 달라집니다. 통합을 할 경우 주제, 학습 내용 요소, 학습 과제 해결을 위한 사고나 기능 등을 매개로 도서 선정 및 활동을 구성하는 통합이 가능합니다.

통합을 할 때는 가능한 학기 시작 전에 재구성 계획을 세워야 통합의 실효성을 거둘 수 있습니다. 국어 교과서 단원은 교과 내 여러 성취기준이 통합되어 있으므로, 별도의 재구성 없이 활동이 가능합니다. 즉, 독서 단원을 단독으로 운영하는 것은 국어 교과서의 독서 단원을 별도의 통합 없이 운영하는 것을 말하고, 통합 운영하는 것은 [국어교과 내 통합/ 국어와 다른 교과 간 통합/ 삶과 통합] 등의 방법으로 할 수 있습니다. 이를 세분화 하면 국어교과 내 통합은 독서 단원과 국어과 내 다른 단원과 통합하여 독서 단원을 배우는 방식이고, 국어와 다른 교과 간 통합은 국어와 다른 교과와 통합을 통합하여 독서 단원을 배우는 방식으로 교과 연계 독서를 하게 됩니다. 삶과 통합의 통합 학생들의 실생활 문제에 독서 단원을 통합하여 독서 단원을 배우는 방식을 말합니다. 이러한 통합 운영은 독서 프로젝트 형태로 다양하게 구안할 수 있습니다.

1) 역량 기반 통합

타 교과와의 통합을 할 때 반드시 주제를 중심으로 통합할 필요는 없습니다. 2015 개정 교육과정이 역량을 중심으로 설계되어 있으므로 동일한 교과 역량을 바탕으로 통합을 할 수도 있습니다. 〈표 10〉과 같이 교과 역량은 핵심 역량을 기준으로 설계되었기 때문에 이를 고려하면 역량을 중심으로 쉽게 통합할 수 있게 됩니다.

〈표 10〉 한 눈에 보는 2015 개정 교육과정 핵심 역량

총론	바생	슬생	즐생	국어	사회	도덕	수학	과학	실과	체육	음악	미술	영어	창체	안전
자기 관리 역량	자기 관리 역량			자기 성찰·계발 역량	자기 존중 및 관리 능력, 윤리적 성찰 및 실천성향	태도 및 실천		과학적 참여와 평생 학습 능력	생활 자립 능력	건강 관리 능력, 신체 수련 능력	자기 관리 역량	자기 주도적 미술 학습 능력	자기 관리 역량	자율 활동, 진로 활동	자기 관리 역량
지식 정보 처리 역량		지식 정보 처리 역량		자료·정보 활용 역량	문제 해결력 및 의사 결정력, 정보 활용력		문제 해결, 정보 처리	과학적 탐구 능력, 과학적 문제 해결력	실천적 문제해결 능력, 기술적 문제해결 능력	경기 수행 능력	음악 정보 처리 역량	미술 문화 이해 능력	지식 정보 처리 역량	자율 활동, 진로 활동	지식 정보 처리 역량
창의적 사고 역량		창의적 사고 역량	창의적 사고 역량	비판적·창의적 사고 역량	창의적 사고력, 비판적 사고력	도덕적 사고 능력	추론, 창의·융합	과학적 사고력	기술적 시스템 설계 능력, 기술적 활용능력		음악적 창의·융합 사고 역량	창의·융합 능력		자율 활동, 동아리 활동	
심미적 감성 역량			심미적 감성 역량	문화 향유 역량						신체 표현 능력	음악적 감성 역량	미적 감수성		동아리 활동	
의사 소통 역량	의사 소통 역량	의사 소통 역량	의사 소통 역량	의사 소통 역량	의사소통 및 협업 능력	도덕적 대인 관계 능력	의사 소통	과학적 의사 소통 능력	관계형성 능력		음악적 소통 역량	시각적 소통 능력	영어 의사소통 역량	자율 활동, 봉사 활동	
공동체 역량	공동체 역량			공동체·대인 관계 역량	도덕적 공동체 의식						문화적 공동체 역량	공동체 역량		동아리 활동, 봉사 활동	공동체 역량

2) 성취 기준(교과 내) 기반 통합

교과 내 통합은 성취 기준을 중심으로 통합할 수 있습니다. 국어 교과의 경우 하나의 성취 기준이 여러 단원에 걸쳐 나오기 때문에 동일한 성취기준을 바탕으로 하는 단원을 연계하게 되면 자연스럽게 교과 내 통합이 가능해 집니다. 〈표 11〉은 3~4학년군 국어과의 단원별 성취기준 배정 표입니다.

〈표 11〉 3~4학년군 성취 기준 배정 표

성취기준 영역	번호	3-1 독	1	2	3	4	5	6	7	8	9	10	3-2 독	1	2	3	4	5	6	7	8	9	10	4-1 독	1	2	3	4	5	6	7	8	9	10	4-2 독	1	2	3	4	5	6	7	8	9	10
듣기 말하기	[4국01-01]			•											•																															
	[4국01-02]																											•											•						
	[4국01-03]					•												•		•																										
	[4국01-04]						•											•		•								•						•	•						•				
	[4국01-05]				•												•		•								•															•			
	[4국01-06]																	•				•							•												•				
읽기	[4국02-01]		•				•								•																															
	[4국02-02]				•		•												•		•						•																•	•	
	[4국02-03]				•		•	•												•										•										•					
	[4국02-04]																												•										•			•			
	[4국02-05]	•	•							•	•								•			•					•										•					•			
쓰기	[4국03-01]		•															•																											
	[4국03-02]					•												•						•									•	•										
	[4국03-03]																											•		•	•								•		•			
	[4국03-04]				•																•							•																	
	[4국03-05]	•																			•							•									•	•		•				
문법	[4국04-01]					•													•									•																	
	[4국04-02]				•	•												•			•																								
	[4국04-03]																											•										•		•				
	[4국04-04]		•														•	•																											
	[4국04-05]																											•										•						
문학	[4국05-01]		•														•				•																								
	[4국05-02]																																				•								
	[4국05-03]																			•		•									•								•					
	[4국05-04]						•												•									•													•			
	[4국05-05]					•	•	•												•	•									•	•							•	•					

위 표에서 볼 수 있듯이 같은 성취기준이 다양한 조합으로 교과서에 제시되고 있으므로 이를 고려하여 통합 운영이 가능하게 됩니

다. 다만, 학년성을 고려하여 동일 학년에서 통합하는 것이 좋을
것으로 생각됩니다.

3) 주제(내용) 기반 통합

교과 간이나 교과 내에서 통합을 할 때 가장 쉽게 할 수 있는 것이
주제 중심 통합입니다. 동일한 주제를 바탕으로 주제 망을 구성하
고 단원 및 차시를 통합하면 됩니다. 〈표 12〉는 주제별로 교과 간
통합이 가능함을 보여주는 표입니다.

〈표 12〉 내용 요소에 따른 성취기준 연계 가능성(권점례 외, 2018)

핵심어	교과	성취기준	관련 키워드
절차와 규칙	국어	[6국01-03] 절차와 규칙을 지키고 근거를 제시하며 토론한다.	절차적 사고 [실과(기술 ·가정)]
	실과 (기술· 가정)	[6실04-08] 절차적 사고에 의한 문제 해결의 순서를 생각하고 적용한다.	
		[9기가05-03] 일상생활에서 사용되는 제품들이 기술적 문제해결과정을 통해 개발되고 발전하고 있음을 이해한다.	
	정보	[9정03-04] 문제 해결을 위한 다양한 방법과 절차를 탐색하고 명확하게 표현한다.	
절차적 사고	실과 (기술· 가정)	6실04-08] 절차적 사고에 의한 문제 해결의 순서를 생각하고 적용한다.	기술적 문제해결 [실과(기술 ·가정)]
		[9기가05-03] 일상생활에서 사용되는 제품들이 기술적 문제해결과정을 통해 개발되고 발전하고 있음을 이해한다.	
	국어	[6국01-03] 절차와 규칙을 지키고 근거를 제시하며 토론한다.	
	수학	[6수05-06] 가능성을 수나 말로 나타낸 예를 찾아보고, 가능성을 비교할 수 있다.	
	정보	[9정03-04] 문제 해결을 위한 다양한 방법과 절차를 탐색하고 명확하게 표현한다.	
정보 윤리	기술	[6실05-05] 사이버중독예방, 개인정보보호, 지식재산보호의 의미를 알고 생활 속에서 실천한다.	사이버 공간 [도덕]
	국어	[9국03-10] 쓰기 윤리를 지키며 글을 쓰는 태도를 지닌다.	
	도덕	[6도02-01] 사이버 공간에서 발생하는 여러 문제에 대한 도덕적 민감성을 기르며, 사이버 공간에서 지켜야 할 예절과 법을 알고 습관화한다.	
	정보	[9정01-03] 정보사회에서 개인이 지켜야 하는 사이버 윤리의 필요성을 이해하고 사이버 폭력 방지와 게임·인터넷·스마트폰 중독의 예방법을 실천한다.	

〈표 12〉에서 보는 것과 같이 '절차와 규칙'을 중심으로 국어, 실과, 정보를 통합할 수도 있고, 정보 윤리를 바탕으로 기술, 국어, 도덕, 정보를 통합할 수도 있습니다.

주제 중심 통합의 구체적인 예를 제시하면 [그림 6]과 같습니다.(교육부, 2018)

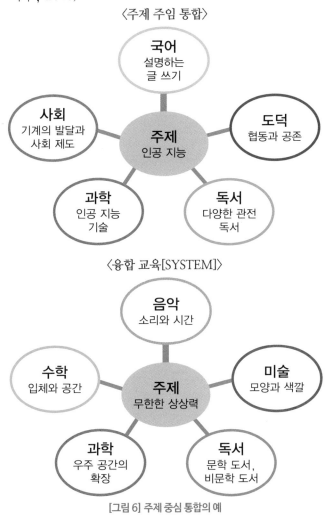

[그림 6] 주제 중심 통합의 예

4) 기능[3] 기반 통합

2015 개정 교육과정의 내용 체계표에는 오른쪽 끝에 '기능'이라는 항목을 두어 내용 요소를 학습할 때 활용할 수 있는 '기능'을 제시하고 있습니다. 교과별로 약간의 차이는 있지만 이러한 기능을 바탕으로 통합을 할 수도 있습니다. 즉, '추론하기'를 학습하기 위해 국어과, 수학과, 사회과'를 통합할 수도 있다는 뜻입니다.

〈표 13〉 행동 동사 예시(Bloom의 행동목표 분류)

항목	행동 동사 예시				
지식	연계하다 비교하다 대조하다 정의하다	설명하다 차별화하다 분별하다 식별하다	암시하다 목록화하다 명명하다 바꾸어 말하다	인식하다 반복하다 재진술하다 검토하다	보여주다 진술하다 요약하다 말하다
적용	계산하다 증명하다 도출하다 사용하다	추정하다 예시를 주다 실례를 설명하다 찾아내다	측정하다 조작하다 수행하다 지시하다	기록하다 설치하다 밑그림그리다 해결하다	추정하다 사용하다
문제해결	주장하다 분석하다 측정하다 도전하다 구성하다	결론짓다 구성하다 창조하다 비판하다 토론하다	결정하다 방어하다 추론하다 설계하다 평가하다	형성하다 추측하다 판단하다 조직하다 계획하다	제안하다 순서 매기다 추천하다 선택하다 제의하다

---

3) 교육과정 내용 체계표의 '기능'의 의미로 사용하였음.

5) 제재 기반 통합

통합은 제재를 기반으로도 할 수 있습니다. 하나의 작품은 다양한 활동을 가능하게 하므로 교과서나 교과서 밖의 제재를 활용하여 통합을 시도하는 것입니다. 좋은 제재를 선정한 다음 그 제재를 통해 가르칠 수 있는 내용 요소를 추출하여 교육과정 및 교과서와 연계하는 방법을 사용할 수 있습니다.

〈표 14〉는 현장 교사들이 자주 사용하는 교과별 맵핑 자료입니다. 선정한 제재에 맵핑 자료에서 가르칠 내용을 추출하여 연계를 함으로써 제제 중심 통합이 가능하게 됩니다.

〈표 14〉 교과별 맵핑 자료

2015 개정	교육과정 맵핑 자료	국어	5학년 1학기		
단원	성취 기준		교과서 살펴보기		
			학 습 요 소	교과서 쪽수	차시
〈독서 단원〉 책을 읽고 생각을 넓혀요	[6국01-02] 의견을 제시하고 함께 조정하며 토의한다. [6국02-06] 자신의 읽기 습관을 점검하며 스스로 글을 찾아 읽는 태도를 지닌다. [6국05-05] 작품에 대한 이해와 감상을 바탕으로 하여 다른 사람과 적극적으로 소통한다.		읽을 책을 정하고 책 미리 보기	8~18	독서 준비
			책을 즐기며 읽기	19~22	독서 중
	[6국01-02] 의견을 제시하고 함께 조정하며 토의한다. [6국02-06] 자신의 읽기 습관을 점검하며 스스로 글을 찾아 읽는 태도를 지닌다. [6국05-05] 작품에 대한 이해와 감상을 바탕으로 하여 다른 사람과 적극적으로 소통한다. [6국01-02] 의견을 제시하고 함께 조정하며 토의한다. [6국02-06] 자신의 읽기 습관을 점검하며 스스로 글을 찾아 읽는 태도를 지닌다. [6국05-05] 작품에 대한 이해와 감상을 바탕으로 하여 다른 사람과 적극적으로 소통한다.		책 내용을 간추리고 생각 나누기	23~33	독서 후

단원	성취 기준	학습 요소	쪽수	차시
1. 대화와 공감	[6국01-01] 구어 의사소통의 특성을 바탕으로 하여 듣기·말하기 활동을 한다.	대화의 특성 이해하기	34~39	2
	[6국01-07] 상대가 처한 상황을 이해하고 공감하며 듣는 태도를 지닌다. [6국01-01] 구어 의사소통의 특성을 바탕으로 하여 듣기·말하기 활동을 한다.	상대가 잘한 일이나 상대의 장점을 찾아 칭찬하기	40~43	2
	[6국01-07] 상대가 처한 상황을 이해하고 공감하며 듣는 태도를 지닌다. [6국01-01] 구어 의사소통의 특성을 바탕으로 하여 듣기·말하기 활동을 한다.	상대를 배려하며 조언하기	44~49	2
	[6국01-07] 상대가 처한 상황을 이해하고 공감하며 듣는 태도를 지닌다. [6국01-01] 구어 의사소통의 특성을 바탕으로 하여 듣기·말하기 활동을 한다.	서로 공감하며 대화하기	50~54	2
	[6국01-07] 상대가 처한 상황을 이해하고 공감하며 듣는 태도를 지닌다. [6국01-01] 구어 의사소통의 특성을 바탕으로 하여 듣기·말하기 활동을 한다. [6국01-07] 상대가 처한 상황을 이해하고 공감하며 듣는 태도를 지닌다.	친구들의 고민을 듣고 해결 방법 제안하기	55~59	2

2015 개정　　교육과정 맵핑 자료　　국어　　5학년 1학기

단원	성취 기준	교과서 살펴보기		
		학습 요소	쪽수	차시
1. 국토와 우리 생활	[6사01-01] 우리나라의 위치와 영역이 지니는 특성을 설명하고, 이를 바탕으로 하여 국토 사랑의 태도를 기른다.	단원 학습 내용 개관	6~9	1
		우리 국토의 위치 알아보기	10~12	1
		우리나라의 영역 알아보기	13~15	1
	[6사01-02] 우리 국토를 구분하는 기준들을 살펴보고, 시도 단위 행정 구역 및 주요 도시들의 위치 특성을 파악한다.	우리 국토를 사랑하는 마음 표현해 보기	16~18	1
		자연환경에 따라 우리 국토를 어떻게 구분하는지 알아보기	19~21	1
		우리나라 행정 구역의 위치 알아보기	22~25	2
	[6사01-03] 우리나라의 기후 환경 및 지형 환경에서 나타나는 특성을 탐구한다.	우리나라의 지형 살펴보기	26~28	1
		우리나라 산지, 하천, 평야, 해안의 특징 알아보기	29~35	2
		우리나라의 기후 살펴보기	36~38	1
		우리나라 기온의 특징 알아보기	39~41	1
	[6사01-04] 우리나라 자연재해의 종류 및 대책을 탐색하고, 그와 관련된 생활 안전 수칙을 실천하는 태도를 지닌다.	우리나라 강수량의 특징 알아보기	42~46	1
		우리나라의 자연재해 알아보기	47~53	2
		자연재해의 피해를 줄이기 위한 노력 알아보기	54~58	1

제재를 기반으로 한 통합의 예를 구체적으로 제시하면 [그림 7]과 같습니다.

〈독서 단원 중심(아동 문학 또는 인문 고전) 교과 통합〉(교육부, 2018)

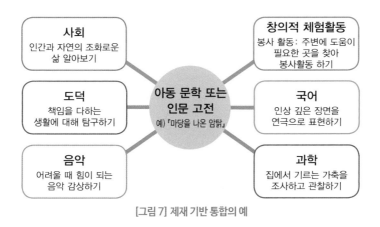

[그림 7] 제재 기반 통합의 예

6) 상황 기반 통합

국어과에서는 텍스트와 더불어 컨텍스트(맥락, context)를 강조하고 있습니다. 그 중 상황 맥락을 바탕으로 학생 실생활 문제와 연결한 통합을 실시할 수도 있습니다. 즉, 특정 장소에서 일어나는 다양한 상황별 통합을 하거나 학급, 학교, 지역 사회의 문제점을 바탕으로 통합을 할 수 있습니다.

예를 들어 '동물원에 간' 상황을 제시하고 안내 방송 듣기(국어), 동물원 지도 이해하기(사회), 동물의 생활 알기(과학) 등을 연계함으로써 통합이 가능하게 됩니다.

나. 집중/분산 여부 결정

통합 여부가 결정되면 그 다음은 독서 단원을 언제 운영할지 결정을 해야 합니다. 독서 단원을 집중해서 운영할 수도 있고 분산해서 운영할 수도 있습니다. 이는 책을 읽는 시간을 어떻게 배정하느냐에 따라 달라질 수 있습니다.(교육부, 2018)

1) 집중 운영

독서 단원을 집중해서 운영한다는 것은 독서 준비-독서-독서 후 활동 한 단원 내에서 운영하는 것을 말합니다. 독서 단원은 1, 2 단원처럼 단원의 순서가 배정된 것이 아니기 때문에 집중 운영을 할 때 학기 초 또는 중에 언제 할지 정하는 것도 필요합니다. 〈표 15〉는 독서 단원 단독-집중 운영의 예입니다.

〈표 15〉 독서 단원 단독 운영-집중 방식

1단원	2단원	3단원	독서 단원	4단원	5단원	6단원	7단원	8단원	9단원	10단원
			• 독서 준비 • 독서 • 독서 후							

2) 분산 운영

독서 단원을 분산해서 운영할 수도 있는데 이때는 독서 준비, 독서, 독서 후 활동이 나누어지게 됩니다. 다른 단원과 통합하는 경우, 그 단원의 수업 시기에 맞춰 활동이 분산·지속될 수 있습니다. 예를 들어 '단원 개관', '읽고 싶은 책 정하기' 이후, 학생이 개별적으로 도서를 준비해야 하는 경우 도서 준비 시간이 필요할 수도 있으므로 분산 운영을 할 수 있습니다. 〈표 16〉은 독서 단원 단독 운영-분산 방식의 예입니다.

〈표 16〉 독서 단원 단독 운영-분산 방식

독서 단원	1단원	2단원	3단원	독서 단원	4단원	5단원	6단원	7단원	8단원	9단원	10단원
• 독서 준비 (읽을 책 정하기)				• 독서 준비 (읽기 전 활동하기) • 독서 • 독서 후							

1단원	1단원	2단원	4단원	독서 단원	5단원	6단원	독서 단원	7단원	8단원	9단원	10단원
				• 독서 준비 (읽을 책 정하기)			• 독서 준비 (읽기 전 활동하기) • 독서 • 독서 후				

다. 독서 단원 운영의 다양한 예[4)]

여기서는 여러 책들에서 소개된 다양한 독서 활동의 예를 살펴 봄으로써 독서 단원을 운영하는 데 도움을 얻고자 합니다.

---

4) 최규홍 외(2018), EBS(2015), 이오덕수업연구소(2017), 휴먼에듀.전국초등국어교과모임(2016) 등에서 수업한 내용을 요약하였음.

1) 그 많던 싱아는 누가 다 먹었을까?(박완서)

- 대상: 5학년/ 6개월
- 원칙: 첫째, 모든 수업 일정을 완성된 것으로 보지 않고 상황에 따라 충분히 변화 가능한 것으로 봄. 둘째, '생각'이 숙제인 수업, 셋째, 철저하게 교사가 주도하는 수업.
- 방법:
  - 첫째, 스스로 질문하여 직접 답을 찾는 책 읽기: 단어 찾기(스마트폰/사전 – 사회경제적, 역사적, 문화적 의미 이해)/ 단어 퀴즈와 글짓기/ 파생독서와 토론
  - 둘째, 오감으로 읽고, 오감으로 표현하는 책 읽기: 그림으로 읽기/ 소리 내어 읽기/ 체험하며 읽기/ 영상으로 표현하기
  - 셋째, 꼬리에 꼬리를 물고 생각을 넓혀 가는 책 읽기: 글로 풀어 내기/ 독서 클럽 활동하기

2) 샬롯의 거미줄(엘윈 브룩스 화이트)

- 대상: 4학년/ 교과서 중심 4~5단원 설계
- 관련 성취기준: 글을 읽고 대강의 내용 간추리기, 낱말들을 분류해 보고 국어사전에서 낱말 찾기, 알맞은 이유를 들어 자신의 의견이 드러나는 글쓰기, 글을 읽고 중심 생각 파악하기, 내용을 이해하기 쉽게 발표하고 다른 사람의 발표를 평가하며 듣기(이상 국어), 전달할 내용을 효과적으로 표현하는 미적 체험하기, 우정을 행동으로 실천하기(이상 창의적 체험활동)
- 방법:
  - 어휘 학습: 나만의 낱말 카드 만들기, 눈으로 보는 낱말 사전

- 줄거리 간추리기: 감정 그래프로 이야기 간추리기, 삽화로 이야기 간추리기
- 주제 파악하기, 제안하는 글쓰기, 거미줄 그리기, 궁금한 점 질문하기

3) 갈매기에게 나는 법을 가르쳐 준 고양이(루이스 세뿔베다)

- 대상: 6학년/ 6개월
- 관련 성취기준: 작품 속 세계와 현실 세계를 비교하며 작품을 감상한다. 비유적 표현의 특성과 효과를 살려 생각과 느낌을 다양하게 표현한다. 일상생활의 경험을 이야기나 극의 형식으로 표현한다. 작품에 대한 이해와 감상을 바탕으로 하여 다른 사람과 적극적으로 소통한다. 작품에서 얻은 깨달음을 바탕으로 하여 바람직한 삶의 가치를 내면화하는 태도를 지닌다. 국어의 낱말 확장 방법을 탐구하고 어휘력을 높이는데 적용한다. 목적이나 주제에 따라 알맞은 내용과 매체를 선정하여 글을 쓴다.
- 방법:
  - 책 탐색하기, 인물 이름 놀이하기, 글 속 보석 문장 찾기, 인물 마음 파악하기
  - 역할극 하기, 질문놀이하기, 인물 욕구 충족 카드 만들기
  - 토론하기, 다른 작품과 관련짓기, 바꾸어 쓰기

4) 주제별 시 읽기

- '가족'이라는 주제로 통합 수업 구성
- 부모님이 어렸을 대 좋아했던 만화 영화 주제가 보기/ 부모님의 하루

를 관찰한 뒤 보고서 쓰고 발 씻어 드리기/ 부모님과 닮은 부분 사진 찍기/ 부모님이 하시는 집안일 도와드리기 등을 사전 활동을 실시함.

- 주제에 맞는 시 고르기(교사가 골라서 제공)/ 가장 마음에 드는 시 고르고 이유 나누기/ 마음에 드는 시 모두 고르기 – 다섯 편만 추리기/ 시선집에 옮기고 그림을 그려 넣기/ 마지막 쪽에는 자신이 직접 쓴 시를 넣고 그리기
- 부모님께서 보내 주신 영상 편지 함께 보기/ 부모님께 드릴 상장 만들고 감사의 편지 쓰기

5) 그림책 읽기

- 그림, 표지, 면지, 판형, 색, 그림의 배치 등도 함께 고려
- 아이들은 교실 바닥에 앉고 교사는 아이들 의자에 앉아 그림책을 보여 주면서 읽을 주는 것을 권함.(그림책만이 갖고 있는 특성을 생생하게 전달)
- 글자 없는 그림책: 그림을 충분히 보여 주고, 스스로 이야기를 만들 수 있도록 유도하기/ 표지 보며 호기심 자극하기/ 글 없는 그림책에 이야기 만들어 읽어 주기/ 그림에 대한 질문하기/ 자신의 경험 떠올리기/ 경험 나누고, 이야기 만들기
- 그림책 읽기 활동: 표지 보며 호기심 자극하기/ 앞면지 보며 장소 짐작하고 이야기하기/ 이야기 속 캐릭터 살펴보기/ 경험 나누고 느낌 말하기/ 숨은 이야기 만들기/ 재미있는 장면 뽑아보기, 소감문 쓰기

6) 동화 책 읽기

- 아이들의 삶과 연계된 작품 선택

- 제목과 표지 그림 보며 이야기 나누기/ 작가에 대해 이야기하기
- 글 읽어 주기/ 주요 부분을 읽다 질문하기/ 혼자 읽기/ 마음에 드는 문 장 찾으며 읽기
- 인물 이름 놀이하기/ 글 속 보석 문장 찾기/ 인물 마음 파악하기/ 역할 극 하기/ 질문놀이하기/ 인물 욕구 충족 카드 만들기/ 토론하기/ 다른 작품과 관련짓기/ 작품 바꾸어 쓰기

2. 시로 여는 독서 단원

시는 문학이 갖는 심미적 상상력과 삶에 대한 성찰, 사랑의 능력 등을 자연스럽게 길러 주는 역할을 합니다. 시를 읽을 때는 눈으로 장면을 보고, 귀로 소리를 듣고, 피부로 감촉을 느끼며, 코로 향기를 맡는 것이 좋습니다. 여기서는 독서 단원을 운영할 때 시를 어떻게 활용하면 좋을지 전반적으로 안내합니다. 구체적인 수업 운영은 2부에서 다루도록 하겠습니다.

가. 독서 준비 활동

앞서 살펴본 바와 같이 한 학기 한 권 읽기에서 '독서 준비 활동'은 개인별 혹은 소집단별로 함께 읽을 시집을 선정하는 일에서 시작합니다. 자신이 관심 있는 작가나 주제 및 소재에 대한 시집을 선택하고 특징을 살펴보는 것이 포함됩니다.

1) 시집 선정하기

학급 전체가 시집 한 권을 읽는 것도 좋고, 개인의 흥미나 관심을 고려하여 각자가 다른 시집을 선정하는 것도 좋습니다. 이때 교사가 주도하기보다는 학생들이 스스로 시집을 선정할 수 있도록 하는 것이 필요합니다.

2) 시집 소개하기

시집을 선정한 후에는 선택한 시집을 친구들에게 소개하는 활동을 하는 것이 좋습니다. 이 활동을 통해 자신이 선정한 책의 특징을 사전에 훑어보고 기대감을 가지며 흥미를 유발할 수 있게 합니다. 지은이, 시집 속에 나오는 그림 등 간단히 자신이 읽을 책에 대해 소개를 함으로써 자신이 읽을 시집에 대해 자부심도 갖게 합니다.

3) 활동 계획하기

학생들은 시를 읽는 것에만 관심이 있고, 읽으면서 어떤 활동을 하면 좋을지에 대해서는 생각을 잘 못하는 경우가 많습니다. 이때는 교사가 구체적인 활동을 안내해 주는 것이 좋습니다.

시 한 편을 읽으면서 떠오르는 장면을 그려보거나, 소곤거리면서 읽거나, 큰 소리로 낭독하거나, 친구들과 재미있는 낱말을 찾아보는 활동 등 다양한 활동이 있음을 알려 주어 즐겁게 시 읽기에 참여할 수 있도록 하는 것이 좋습니다. 이러한 활동을 할 때도 교사는 여러 가지 활동을 안내하고, 학생들이 소개된 활동들 중 마음에 드는 활동을 선택할 수 있게 하는 것이 좋습니다.

나. 독서 활동

학생들이 시를 읽는 중에 교사는 집중해서 읽을 수 있도록 분위기를 조성하는 것이 중요합니다. 부드러운 음악을 들려주거나 조용한 환경을 만들어 줌으로써 앞서 계획한 활동을 생각하며 시를 읽을 수 있게 합니다. 독서 활동은 계획된 다양한 활동을 실천하는 것도 중요하지만 감상을 방해하지 않는 범위에서 이루어져야 합니다.

1) 장면 상상하기

시를 읽으며 할 수 있는 활동으로 시의 장면을 상상하며 읽기가 있습니다. 또한 떠올린 장면을 글이나 그림으로 표현하는 활동과도 연결할 수 있습니다. 이때 그림을 잘 그리는 것이 중요한 것이 아니라 자신이 생각한 장면을 표현하는 것이므로 그림뿐만 아니라 글, 낱말로 표현해도 됨을 안내하여 독서 활동에 도움을 주는 것이 필요합니다.

2) 시 고르기

한 권의 시집을 읽다보면 마음에 드는 시가 있을 겁니다. 자신이 좋아하는 시를 그 까닭과 함께 고르게 해 봄으로써 정서적으로 도움을 줄 수 있습니다. 또한, 시를 잘 고르지 못하는 학생에게는 선생님께 들려주고 싶은 시, 친구나 부모님께 들려주고 싶은 시 등으로 목적을 좀 더 구체화함으로써 시 선정에 도움을 줄 수도 있습니다.

3) 협의하며 읽기

시 읽기 수업을 할 때는 읽는 방법을 다양하게 해서 흥미를 유지할 수 있습니다. 짝과 번갈아가며 읽기, 질문과 대답하며 읽기 등 다양한 읽기 방법을 도입하여 혼자서 시를 오래 읽지 않아도 될 수 있게 해 줍니다. 시를 다 읽고 난 후에 할 수도 있지만 시에 대한 관심을 유지하기 위해 시 읽기 중에 할 수도 있습니다.

다. 독서 후 활동

시집 한 권을 읽는 것만으로도 시 수업은 성공했다고 볼 수 있습니다. 하지만 자신이 느낌 감정이나 생각을 친구들과 함께 공유하거나 깊이 이해하기 위해 독후 활동을 정교하게 하는 것이 필요합니다.

1) 시 낭송(암송)하기

시를 낭송(암송)하는 것은 시 읽기의 기본입니다. 좋은 시를 찾아 읽고, 마음에 드는 시를 분위기에 맞게 낭송하거나 좋은 시를 외워 암송하는 것은 시를 느끼기 위한 좋은 방법입니다. 시의 분위기에 알맞은 음악을 준비하거나 시에 알맞은 몸짓을 활용하여 시를 다양한 방법으로 감상할 수 있습니다.

2) 시 쓰기

여러 가지 시를 읽고 한 후 자신의 생각이나 감정을 시로 표현하는 활동도 중요합니다. 일부 시를 바꾸어 쓰는 활동에서 시작하여 한 편의 시를 만들어 보는 활동을 함으로써 시 창작 교육으로 확대할 수 있습니다. 운율, 상징 등의 다양한 요소를 가르치기 보다 자신의 생각이나 감정을 짧은 글로 표현하는 것에 초점을 두고 지도함으로써 시 쓰기에 부담을 줄일 수 있습니다.

3) 활동 점검하기

어떤 활동이라도 자신의 활동을 점검하고 반성하는 활동은 중요합니다. 사전에 계획한 활동을 제대로 수행하였는지, 읽고 난 후 활동을 친구들과 나눌 때 고칠 점은 없는지 등을 생각 해 봄으로써 자신의 활동을 성찰할 수 있게 됩니다. 활동을 점검할 때는 떠올린 내용을 잘 표현했는지 등과 같은 수행적인 면과 시를 열심히 읽었는지 등과 같은 태도적인 측면을 모두 고려하는 것이 좋습니다.

3. 효율적인 독서 단원 운영을 위한 교사의 역할

교사는 도서 선정 및 독서 활동 등에서 학생들의 관심과 흥미, 자율성을 강조해야 합니다. 특히 도서 선정 시 교사가 정해 주는 지정 도서뿐 아니라 학생들이 스스로 선택하는 자유도서 등을 고려할 필요가 있습니다. 학생들은 교사가 정해 주는 도서보다 자신이 선택한 도서를 끝까지 읽을 가능성이 높습니다. 한편 초등학교 저학년의 경우에는 선택하는 범위를 어느 정도 제한하지 않으면 선택의 어려움을 호소하는 '선택의 과부담'을 겪을 수 있으므로 선택 도서의 권수를 어느 정도 제한하고 그 중에서 자신이 읽고 싶은 책을 선택하도록 안내하는 것이 좋습니다.(교육부, 2019)

교사는 독서 참여 형태에서 학급 상황을 고려하되, 다양한 참여 형태를 적용할 필요가 있습니다. 독서 참여 형태는 독서 단원에서 매우 중요합니다. 학급 단위, 모둠 단위, 개별 단위 등의 독서 참여 형태가 가진 장단점을 고려해서 다양하게 활용해야 합니다. 가령, 독서 참여 형태가 학급 단위인 경우, 학생들이 동일한 활동에 참여하므로 교사가 학생을 지도하는 데 유용하지만 학생 개개인의 관심사와 도서 선택의 권리를 제한하게 된다는 장단점을 인식하고, 학급 상황에 맞게 활용 여부를 결정해야 합니다.

독서 단원 운영에서 교사는 워크숍을 준비, 관리, 평가하고 학습 자료를 마련하고 학습 환경을 조성하는 등 다양한 활동을 해야 합니다. 또한 학생들에게 독서에 대한 자신감을 갖도록 격려해 주는 등 긍정적인 분위기를 조성할 필요가 있습니다. 가령, 학기 초에 독서 워크숍에 대해 전반적으로 설명해 주고, 수업의 우선순위를 독서에 두고 독서할 시간을 확보해 주어야 합니다. 또한 다양한 독서 자료를 이용할 수 있는 여건을 마련해 주어야 합니다.

교사는 물리적, 정서적인 독서 수업 환경을 갖추어야 합니다. 교실에서 간단한 재배치만으로도 독서에 적합한 환경을 만들 수 있습니다. 가령, 전체 토의를 위해 책상을 타원형이나 반원형으로 꾸미면 구성원에게 하나의 독서 공동체라는 소속감을 줄 수 있습니다. 또한 도서가 많은 교실 환경 구성도 중요합니다. 학생 주변에 늘 책이 가까이 있고, 게시판에 책에 대한 정보가 제시되면 좋습니다. 이러한 물리적 환경뿐 아니라 적절한 모둠 편성, 학습자의 수준에 맞는 토의 주제 선정, 상호협력적인 분위기 등의 정서적 환경도 중요합니다.

교사는 모둠 독서토의 시, 말할 차례를 지키고 타인의 의견을 존중하며, 자신의 주장에 대한 근거를 읽은 책에서 가져오도록 하는 것이 좋습니다. 그러한 안내가 적힌 '모둠 토의 지침서'를 모둠 토의 전에 학생들에게 나눠주고 함께 이야기할 수도 있습니다. 모둠 독서토의의 효율성을 높이기 위해 토의에 집중하게 하는 진행자, 토의에서 나온 생각을 기록하는 기록자, 다른 그룹과 의견을 나눌 발표자 등 학생들에게 특별한 역할을 부여할 수 있습니다. 이러한 역할은 다양하게 경험할 수 있도록 순환시키는 것이 좋습니다. 이후 학생들이 모둠 토의에 익숙해지면 모둠 운영과 관리의 권한을 학생들이 맡도록 허용해야 합니다.

2부

시와 함께 하는 다양한 읽기 수업

3장

시와 이야기가 함께하는 읽기 수업 1

1. 이런 수업을 하고 싶었습니다

가. 시와 이야기 수업 발상

교과서 시는 교과서 집필진들이 성취기준에 도달하기 용이한 시를 선정하여 실은 것입니다. 한 단원에 많으면 8편, 적으면 2~3편의 시가 실립니다. 3학년 1학기 1. 재미가 톡톡톡, 10. 문학의 향기에는 각각 5편, 3편의 시가 실려 있습니다.

[3학년 1학기 1단원 수록 시 및 시집]
「봄의 길목에서」『너라면 가만있겠니?』
「소나기」『꽃 발걸음 소리』
「공 튀는 소리」『아! 깜짝 놀라는 소리』

「강아지풀」『바람의 보물찾기』

「아기고래」『삐뽀삐뽀 눈물이 달려온다.』

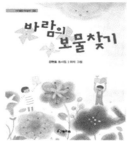 

[그림 8] 3학년 1학기 1단원 수록 시집 표지

[3학년 1학기 10단원 수록 시 및 시집]

「구름」『짝 바꾸는 날』

「빗길」『축구부에 들고 싶다』

「그냥 놔두세요」『쥐눈이 콩은 기죽지 않아』

[그림 9] 3학년 1학기 10단원 수록 시집 표지

여러 가지 시가 실린 1단원과 10단원의 성취기준을 살펴보면 다음과 같습니다.

> [4국05-01] 시각이나 청각 등 감각적 표현에 주목하며 작품을 감상한다.(1단원, 10단원)
> [4국05-05] 재미나 감동을 느끼며 작품을 즐겨 감상하는 태도를 지닌다.(10단원)
> [4국02-05] 읽기 경험과 느낌을 다른 사람과 나누는 태도를 지닌다.(1단원, 10단원)

[4국05-01]과 [4국02-05]는 1단원과 10단원에 공통으로 들어가는 성취기준입니다. 세 개의 성취기준의 효율적 도달을 위해 단원을 통합하여 지도하는 방법을 고민하였습니다. 언어가 인간의 오감을 자극하며, 이에 따라 구체적인 이미지를 형성하고 정서를 환기하는 기능이 있다는 점을 이해하며 문학 활동을 하도록 돕고 싶었고 또한 읽기 경험과 느낌을 다른 사람과 나눌 때 재미나 감동을 느끼며 작품을 즐겨 감상하는 태도 지니기의 [4국05-05]와 연계하여 공부하면 좋겠다고 생각했습니다. 그러기 위해서는 교과서에 실린 시 8편으로는 부족하다는 생각이 들었고 교과서에 실린 시뿐 아니라 학생들 개개인이 시집을 준비하여 되도록 다양한 표현의 많은 시들을 읽도록 하고 싶었습니다. 이 단원의 수업이 끝나고 나면 학생들이 시 1~2편은 암송할 수 있기를 바라는 마음도 있었습니다.

1단원에는 8편의 시와 2편의 이야기가 실려 있는데 『바삭바삭 갈매기』, 『으악! 도깨비다』가 그것입니다. 10단원에는 『만복이네 떡집』과 영상자료로 『강아지똥』이 나옵니다. 시는 시대로 이야기는 이야기대로 성취기준에 충실하게 도달하도록 하는 것도 좋겠지만 시와 이야기를 문학작품으로 연결하고 싶었습니다. 읽기 경험과 느낌을 다른 사람과 나누는 태도, 재미나 감동을 느끼며 작품을 즐겨 감상하는 태도를 지니는 것을 교실 밖 학생들의 삶과 연결하고 싶었고 그 전초 작업으로 이야기를 이해하고 이야기 속 인물의 상황이나 마음 상태에 따라 읽은 시를 들려주는 활동을 통해 작품 감상에 대한 깊이를 더하고자 하였습니다.

[그림 10] 3학년 1학기 수록 이야기 표지

나. 시와 이야기 수업 디자인

교과서에 실린 시와 이야기가 수록된 온책을 준비하여 첫 수업을 시작하였습니다. 학생들은 자신이 좋아하는 시집(좋아하는 시인이

나 시집이 없는 경우가 대부분입니다.)이나 도서관에 있는 시집 중 마음이 끌리는 것을 한 권씩 준비하는 것으로 충분합니다. 수업의 대부분은 시를 읽는 것으로 채워질 것입니다. 특히 책상을 치우고 의자만 가지고 동그랗게 앉아 시를 읽고 경험을 묻는 써클 시(동그랗게 앉아 시를 읽고 질문하는 수업의 형태) 읽기가 주가 될 것입니다. 학생들은 다양한 표현의 시를 읽으면서 감각적 표현에 대해 이해하고 여러 편의 시를 친구들과 암송하게 될 것입니다, 써클 시 읽기는 임의로 붙인 이름이며 시를 읽는 외적 형태에 초점을 두어 필자가 붙인 이름입니다. 동그랗게 앉아 시를 읽을 때 약간의 놀이를 가미하여 읽으면 시에 집중하게 되고, 시와 관련된 질문을 통해 시를 더 깊이 이해하게 됩니다.

〈표 17〉 차시별 주요 수업 활동

차시	활동 내용	학습 자료	비고
1	단원개관, 학습계획 세우기		
2	교과서 수록 시 읽어주기	수록된 시집	
3	감각적 표현 이해 시집에서 감각적 표현 찾아 읽어주고 시각, 청각적 표현 찾기	시집	
4	감각적 표현 이해 시집에서 감각적 표현 찾아 읽어주고 시각, 청각적 표현 찾기	시집	써클로 앉기
5	시 읽기(경험 질문하며 써클로 읽기)	시집	써클로 앉기
6	시 읽기(경험 질문하며 써클로 읽기)	시집	써클로 앉기

7	감각적 표현이 있는 시 옮겨 적기	옮겨 적은 시	
8	시 읽기, 모둠 시낭송(감각적 표현)		써클로 앉기
9	이야기『바삭바삭 갈매기』읽어주고 감각적 표현 찾고 인물에게 질문하기	『바삭바삭 갈매기』	
10	이야기 『으악! 도깨비다』읽어주고 감각적 표현 찾고 인물에게 질문하기	『으악! 도깨 비다』	
11	『만복이네 떡집』온책 읽어 주고 만복이에게 질문하기	『만복이네 떡집』	
12	○○이네 떡집 메뉴 개발		
13	친구에게 떡 추천하기		
14	『강아지똥』듣고 인물에게 질문하기	『강아지똥』	
15	갈매기, 장승, 만복이, 강아지똥의 마음 알기 인물이 되어 다른 인물에게 질문하기	인물 그림	써클로 앉기
16	인물에게 시 들려주기	인물 그림 시집	써클로 앉기

2. 이런 수업을 했습니다

가. 시 수업 주요 장면

1) 시집 제목

교과서의 시를 읽을 때였습니다. 한 학생이 교과서에 실린 시를 읽어주는데 시집 제목의 시도 궁금하다는 것입니다. 우남희 선생님의 시집『너라면 가만있겠니?』에 실려 있는「봄의 길목에서」를 읽어 주고 있었는데「너라면 가만있겠니?」도 들어보고 싶다는 것이었습니다. 시의 제목은 주로 시집에 있는 시 중에서 붙이기 마련이니까요. 당연히 그럴 것이다 생각하고 차례를 보니「너라면 가만있겠니?」가 있었습니다. 그렇게 순서에 따라 시집 제목의 시를 읽어주는데『삐뽀삐뽀 눈물이 달려온다』라는 시집에서 제목을 아무리 살펴보아도 그런 시의 제목이 없는 겁니다. 일단 포기하고 아무 쪽이나 펴서 읽어주려고 "조각달" 제목을 말하니 한 학생이 "에~~~이" 하지 않겠습니까? 재미없을 것 같다는 소리지요. 그래서 다른 쪽을 펴니「프라이팬」이라는 시가 있어서 읽어주는데 시 끝부분에 '삐뽀삐뽀 눈물이 달려온다'가 들어있질 않겠습니까? 학생들도 놀라고 저도 놀랐습니다. 시집의 제목은 시의 제목으로만 붙이는 게 아니라는 사실을 알게 된 것입니다.

학생들이 수업의 주체가 되게 하는 방법은 수도 없이 많습니다. 그 방법들의 공통점은 학생들의 호기심에서 시작되며 그 호기심을 알아차리는 교사의 수용적 태도에 기인한다는 사실을 이 사례를 통해 또다시 깨닫게 되었습니다. 시집 제목의 시는 어떤 내용일까 궁금하다고 생각한 학생의 호기심을 교사가 받아들이게 되었고 그로 인해 학생들은 이제부터 시집 제목을 보면 시 한 편에 대한 호기심이 생기게 될 것입니다. 시집 제목을 보고 이 시가 시집 안에 들어있는 것인지 아니면 내용에 있는 것인지 생각하게 되겠지요?

2) 감각적 표현

교과서의 시는 시각이나 청각 등 감각적 표현이 들어있는 시 5편을 각 각의 시집에서 골라 실었습니다. 교사가 시를 읽어주고 무엇이 보이는지 무슨 소리가 들리는지 물어보았습니다. 감각적 표현이 무엇인지 설명을 한 후에 시에서 감각적 표현을 찾아보는 활동을 하지 않았습니다. 시를 읽어주고 "무슨 소리가 들려요?", "무엇이 보이나요?"라고 물었습니다. 어느 날 수업 시간에 창밖을 보니 목련꽃이 활짝 피어 있는 게 보였습니다. 학생들에게 물었지요? "저 목련꽃 좀 보세요, 무엇이 떠올라요?, 뭐 같아요?" 한 학생이 곰곰이 생각하다가 "바닐라 크림 같아요."라고 말하더군요. 시인 손동인은 목련꽃을 버선에 비유했고, 시인 서상만은 눈나라에서 옥양목 두루마기 곱게 걸치고 온 손님에 비유했습니다. 김훈은 『자전거 여행』에서 목련꽃은 등불을 켜듯이 피어난다고 했습니다. 학생들은 내년 봄에 목련 꽃을 그냥 지나치지 않겠지요. 바닐라 아이스크림을 생각하기도 하고 목련꽃 아래에서 아이들의 웃음소리를 듣게 될 지도 모르겠습니다. 감각적 표현에 대해 어느 정도 이해가 되었을 즈음 자신이 준비한 시집에서 감각적 표현이 들어있는 시를 찾아 적어보도록 하였습니다.

봄 들녘에 나가면

민홍우

아롱아롱
아지랑이가 그물을 짜 펼쳐 놓는다

구름 한 점
바람 한 덩이
걸릴 것 같지 않은 그 곳에

목련 꽃망울 터지는 소리도 걸리고
진달래 함박웃음도 걸렸다고

봄바람이
귀에다 속삭이고 지나간다

그림 11] 자신이 찾은 시 1

위의 시는 개구쟁이 남학생이 자신이 준비한 시집에서 정성껏 옮겨 적은 시입니다. 아지랑이가 그물을 짜 펼쳐 놓는 것에 대해서는 모를 수도 있겠지만 시를 옮겨 적으면서 목련 꽃망울 터지는 소리나 진달래 함박웃음은 들었을 것 같습니다.

다음 시도 학생이 정성껏 옮겨 적은 것입니다. 처음에 글자 한 획 한 획을 다른 색의 사인펜으로 쓴 것을 보면 얼마나 정성을 들였는지 짐작하고도 남습니다.

벚꽃

허동인

나무 가로수가
솜사탕처럼 부풀어
뭉글뭉글
꽃구름이 되었다
구름꽃이 되었다

나들이 자동차가
연분홍에 파묻혀
꿈인 듯,
하늘 속을 달리네
구름 위를 떠가네

[그림 12] 자신이 찾은 시 2

　이 학생은 벚꽃나무 가로수 길을 걸으며 꽃구름을 생각할 것이고 벚꽃 구경을 가자고 떼를 쓸 것 같기도 합니다.

　학생들은 저마다 감각적 표현이 들어있는 시를 옮겨 적으며 감각적 표현이 무엇인지 알게 되었을 것입니다. 우남희 선생님의 「봄의 길목에서」를 오프닝 시로 암송하며 풀밭에 떨어진 노란단추라고 표현한 민들레꽃을 한동안 바라보게 될 것입니다. 학생들 삶 속에서 살아 움직이는 시를 경험하게 하고 싶었던 바람이 이루어지는 순간입니다. 시를 읽고 암송하는 학생들, 시적 표현에 관심을 보이고 옮겨 적는 학생들, 시집을 읽으며 그림을 그리고 소리를 듣고 주변의 사물의 구체적인 이미지를 형성할 수 있을 것입니다.

3) 써클 시읽기

　학습 조직을 전체로 하되 모든 학생이 앞을 향해 앉는 것이 아니라 책상없이 의자를 동그랗게 놓고 앉아서 활동을 하게 됩니다. 써클은 회복중심생활교육이나 비폭력대화에서 주로 행해지는 학습 형태로 학생들의 정서적 이완과 사고의 유연성을 꾀하고자 함입니다.

학생들은 처음에는 책상 없이 의자만 동그랗게 놓고 앉으면 어색해합니다. 어색함과 소란함을 동시에 잠재울 수 있는 놀이를 하였습니다. 시의 제목을 가지고 자리 바꾸기를 하는 건데요. 시의 제목 봄의 길목에서, 소나기, 공 튀는 소리, 아기고래를 돌아가며 반복해서 말합니다. 끝까지 다 말하게 되면 같은 시의 제목을 말한 학생들이 7명 정도(학급인원이 28명인 경우)됩니다. 이때 교사가 의자 하나를 빼고 "봄의 길목에서"라고 외치면 봄의 길목을 말한 학생들끼리 자리를 바꾸게 됩니다. 의자 한 개가 부족하므로 서게 되는 학생이 한 명은 꼭 있게 됩니다. 몇 번 돌아가며 해서 학생들이 한 번 씩은 자리를 바꿔 앉게 되었을 때 자리에 앉지 못한 학생이 시를 읽습니다. 시는 미리 골라 놓기도 하고 서서 바로 고르기도 합니다. 시를 읽고 그 시와 관련된 경험을 질문해서 그런 경험이 있는 학생들은 자리를 바꾸게 되고 학생들은 시와 관련된 경험을 생각하며 듣게 되면서 좀 더 집중하는 모습을 보였습니다.

[그림 13] 시 경험 나누기

4) 시낭송하고 질문하기

써클 시읽기를 할 때 시를 읽고 질문하는 것을 어려워하는 학생들이 있습니다. 또는 시의 내용과 동떨어지거나 주제와 관계없는 질문을 하기도 합니다. 그런 학생들에게 미리 시를 옮겨 적고 충분한 시간을 주고 질문을 써 보게 하면 시의 내용과 자신의 삶을 연결하는 질문을 하게 됩니다. 옮겨 적은 시와 질문을 쓴 종이를 들고 써클 시읽기를 여러 번 반복하여 한 후 시집을 한 권씩 들고 써클 시읽기를 하게 되면 시의 내용과 자신의 경험을 연결하는 질문을 잘하게 됩니다. 예를 들어 『딱 하루만 더 아프고 싶다』에 나오는 「텃밭 냉장고」라는 시를 낭송하고 "텃밭에서 농사해 본 사람?"이라는 질문을 하면 그런 경험이 있는 학생들이 의자에서 일어나 서로 자리를 바꿉니다.

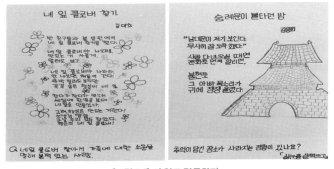

[그림 14] 시 읽고 질문하기

교사가 학생들의 삶이 궁금하거나 자리에 앉지 못한 학생이 친구들의 경험이 궁금하면 잠시 멈추고 이야기를 나누는 것도 좋습니다. 학생들은 주말 농장부터 시골 할아버지, 할머니 댁의 텃밭 이야기까지 자신의 경험들을 마구 쏟아냅니다. 이런 활동을 통해 학생들은 시를 들을 때 자신의 경험과 비교하며 듣거나 질문을 생각하며 듣기 때문에 시에 더 집중하게 되고 시를 좀 더 깊이 있게 받아들이게 됩니다.

나. 이야기 수업 주요 장면

1)『만복이네 떡집』

재미나 감동을 느끼며 작품을 즐겨 감상하는 태도를 지니게 하기 위해 작품에 대한 재미를 느끼게 하는 것이 선행되어야한다고 생각했습니다. 작품을 스스로 찾아 읽으면 더 바랄 것이 없겠지만 그렇지 않은 경우가 더 많기 때문에 교과서에 실려 있는 텍스트의 온책을 가지고 수업을 하였습니다.『만복이네 떡집』은 말버릇이 좋지 않은 주인공 만복이가 어느 날 골목에서 자신의 이름의 떡집을 발견하고 떡 이름(입이 척 들러붙어 말을 못하게 되는 찹쌀떡, 달콤한 말이 술술 나오는 꿀떡 등)과 독특한 가격(착한 일 한 개, 아이들 웃음 아홉 개 등)의 떡을 한 개씩 먹으면서 말버릇을 고쳐나가는 내용입니다. 학생 개개인이 온책을 가지고 수업을 할 수 있는 물리적 환경이 가능하지 않아 교사가 읽어주었습니다. 주인공 만복이가 말버릇이 좋지 않은 것처럼 누구나 자신의 약점이나 단점 또는 다른 사람들을 힘들게 하거나 상처를 주는 모습들이 있기 마련이고 자신의 그런 모습을 고치고 싶어 할 것이라고 생각하여 자신의 이름을 붙인 떡집에서 자신이 먹었으면 하는 떡을 개발해보라고 하였습니다. 마음이 꽃처럼 환해지는 화전, 발표할게 생각나게 하는 망개떡, 시끌벅적한 친구가 얌전이 되는 꿀떡, 가족이 화목해지는 송편, 밝은

미소가 나오는 무지개떡, 체력이 솟아오르는 가래떡 등 다양한 떡 이름이 있었고 아이들 웃음 20개, 착한 일 10개 등으로 가격을 매겼습니다.

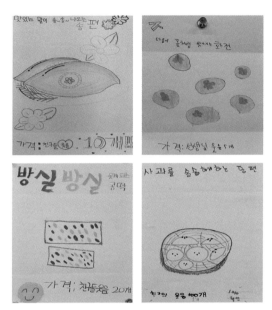

[그림 15] 떡 이름 정하기 및 가격 매기기

2) 떡잔치

자신의 이름을 건 떡집의 떡 메뉴를 개발하고 자신의 느낌과 생각을 말하는 활동으로 이 수업을 마무리하기에는 아쉬움이 남았습니다. 떡을 직접 먹으면 어떨까? 하는 데까지 생각이 미치자 학생들의 삶이 궁금해졌고 떡 메뉴를 개발한 이유를 들어보고 싶었습니다. 떡이름을 보면 그 학생이 어떤 면을 고민하고 있는지 바로 알게 되지만 본인의 말로 이야기하라고 하니 더 깊은 마음 속 이야기가 나왔습니다. 발표를 하고 싶은 윤후는 생각이 잘 나지 않아서 선뜻 손을 들 수 없다고 했습니다. 그래서 발표할 게 뭉글뭉글 생각나는 망개떡을 개발했습니다. 수업 시간에 시끌벅적 말이 많은 민재는 시끌벅적한 친구가 얌전이 되는 꿀떡을 개발했습니다. 정원이는 가족의 화목을 바라며 송편을 개발했고 체력이 약한 병준이는 체력이 솟아오르는 가래떡을 개발했습니다. 학생들이 개발한 떡 메뉴를 칠판 가득 붙이고 개발한 친구가 그 떡을 꼭 먹었으면 하는 이유를 붙임쪽지에 적어 붙이도록 하였습니다. 가장 많은 붙임쪽지가 붙은 떡을 교사가 준비하여 함께 먹으며 즐거운 시간을 보냈습니다. 착한 말이 송송 나오는 송편을 먹은 어느 반에서는 송편을 먹다가 교사를 칭찬하는 말을 해서 한바탕 웃기도 하였습니다. 정원이 가족의 화목을 바라며 정원이에게 송편을 꼭 먹게 하고 싶다고 말한 친구들은 송편을 나눠 먹으며 자신의 가정의 화목을 생각해보지 않았을까요?

[그림16] 학생들의 수업 장면

3. 아이들의 수업 모습입니다

　감각적 표현의 시를 써클 시읽기로 읽거나 질문을 하며 시를 좀 더 깊이 있게 읽었고 이야기를 듣고 감각적 표현을 찾고 인물의 마음을 살피며 재미와 감동을 느끼고 난 후에 이야기 속 등장인물에게 시를 읽어주는 활동을 하였습니다. 지금까지 읽었던 시 들 중에서 만복이, 장군이, 초연이, 장승들, 갈매기, 강아지똥이나 민들레에게 읽어주면 인물이 위로를 받거나 인물의 행동을 칭찬해 주고 싶은 시를 준비하여 읽어주었습니다. 시를 읽어주기 전 인물의 마음을 좀 더 잘 이해할 수 있도록 인물이 되어 다른 인물에게 질문하고 답하는 활동을 하였습니다. 모둠 4명이 시를 읽어주고 싶은 인물을 정하고 자신이 준비한 시집에서 인물에게 읽어주고 싶은 시를 읽어주고 싶은 이유와 함께 발표한 후 4명이 토의하여 그 중 한 편을 골라 모둠이 함께 읽어주었습니다.

「짝사랑」 만복아, 넌 어쩌면 초연이를 그렇게 좋아하니?
「그냥 놔두세요」 만복이가 좋아하는 은지가 있을 때 그냥 있을지 덩실덩실거릴 건지 궁금해서.

「꽃그늘」 강아지똥이 이 시를 읽으면 자신이 꽃같은 존재라는 걸 알 수 있다.
「쥐눈이콩」 쥐눈이콩처럼 자신감을 가지라고 이 시를 추천했어.
「민들레」 민들레꽃에게 잘 어울릴 것 같아서.

「장미」 갈매기가 장미꽃을 좋아
할 것 같아서.
「프라이팬」 갈매기야, 바삭바삭
이 얼마나 맛이 있길래 눈물이 날
정도니?
「구름」 갈매기도 나니까, 친구도
있어야 되니까.

「끼리끼리」 장승들 끼리끼리 사
이좋게 지내라고 이 시를 들려주게
되었다.
「운동회 날」 다함께 재미있게
놀라고.

[그림 17] 읽어 주고 싶은 시와 그 내용

[그림 18] 학생들의 수업 모습

4장

시와 연극이 함께하는 한 학기 한 권 읽기

1. 내가 생각한 수업은

영화 일 포스티노에서 시가 무엇이냐고 묻는 우체부에게 시인 네루다는 "시는 메타포(metaphor)지."라는 말을 합니다. 여기서 '메타포'는 은유로서 감춰진 무언가를 깨닫는 것입니다. 동시는 짧은 글로 어린이의 삶을 노래하면서 그 안의 숨겨놓았던 그들의 이야기를 찾아내고 무언가를 알아차리게 하는 데 좋습니다.

교사가 아무리 많은 것을 준비해서 열심히 가르친 수업이라 해도 학생들에게 의미 있는 배움이 일어나지 않는다면 그것은 좋은 수업이 아닙니다. 학생들에게 어떤 의미 있는 경험을 주고 있는지 생각하며 학생들과 꾸준히 대화를 시도해야 한다는 점에서 소통과 표현이 중점인 교육연극이 떠올랐고, 교육연극을 접목한 시 수업을 통해 시의 즐거움을 경험하고 느낄 수 있는지 궁금했습니다.

다양한 시를 접할 수 있는 온전한 시간을 제공함으로써 아이들의 삶이 묻어 있는 시를 통해 자신들의 모습을 떠올려보는 시간이 되길 바라는 마음으로 '참 좋은 풍경' 시집으로 한 학기 한 권 읽기를 해 보고자 합니다. 그리고 교육연극을 접목하여 자신의 생각과 경험을 몸으로 표현해 보며 아이들 저마다의 삶을 살면서 얻어낸 지혜를 존중하고 서로 나누어 가는 수업이 되길 바랍니다. 그리하여 시를 통한 자신의 성찰로 자신의 삶을 사랑하는 사람으로 커가길 바랍니다.

> 사랑하면 알게 되고 알게 되면 보이나니, 그때에 보이는 것은 전과 같지 않으리라.
>
> – 유한준 (1732-1811)

2. 이 시집을 선택한 까닭

이 시집의 작가인 박방희 시인은 동시를 쓸 때 '내 안의 어린이'를 불러낸다고 했습니다. 이처럼 어린이다운 말맛을 살리는 시인으로 유명한 박방희 시인의 '참 좋은 풍경'은 중의적인 뜻을 가진 제목입니다. 어떤 정경이나 상황을 나타내는 풍경(風景)을 뜻하기도 하고 처마 끝에 매달아 바람이 부는 대로 흔들려 소리가 나게 한 작은 종 모양의 풍경(風磬)을 뜻하기도 합니다. 박방희 시인의 '참 좋은 풍경'은 우리 눈앞에 펼쳐지는 아름다운 장면을 노래하면서 동시에 말맛을 살린 시들도 함께 즐길 수 있습니다.

이 시집은 총 4부로 이루어져 있습니다. '제1부는 참 좋은 풍경, 제2부는 딱따구리의 봄, 제3부는 밥상 차리는 염소, 제4부는 바나나 먹고 축구하면'입니다. 자연을 주로 노래하는 다른 부분에 비해 제4부의 경우는 눈총, 덧니, 바나나, 널린다, 닮은 꼴, 다사 가지, 모 등 학생들의 삶과 잘 엮여져 있는 시들로 이루어진 부분이 아닐까 합니다.

바나나를 쥐고 야구를 하거나, 바나나를 먹으면 바나나킥을 잘하지 않을까 하는 발상은 아이들의 순진한 모습을 생각나게 하고, 엄마가 참깨를 타닥타닥 볶듯 영어 과외를 비롯한 각종 과외를 받으라고 자기를 달달 볶는다는 마음 아픈 사연도 있습니다. 후다닥거리며 집에 들어오면 소리만으로도 어질러 있는 방이 연상되고 무한 반복되는 어머니의 노곤함과 잔소리가 귀에 들리는 듯 합니다.

이처럼 아이들의 삶과 연결된 동시는 교육연극을 통해 이야기하기가 좋습니다. 동시에서 이야기하는 경험은 개인 각각의 사연 속에서 새롭게 해석될 수 있고, 같거나 혹은 다른 모습에서도 서로 공감할 수 있기 때문입니다.

3. 아이들과 함께하는 시 수업

〈표 18〉 주요 학습 내용 및 활동

단계	주요 학습 내용 및 활동
독서 준비 활동	▶ 함께 시를 감상해요. • 함께 읽을 동시집 선정하기 • '참 좋은 풍경' 동시집 읽기 – 표지, 제목 살펴보기 • 나의 좋은 풍경 글쓰기 활동1 : '참 좋은 풍경' 소개하는 글쓰기
독서 활동	▶ 나의 시를 뽑아요. • 시의 장면 상상하며 읽기 • 재미있는 동시로 이야기 나누기 • 마음에 드는 나의 시 뽑기 활동1 : '나의 시' 뽑기 ▶ 시로 퀴즈를 만들어요. • 시집에서 퀴즈로 낼만한 시 고르기 활동1 : 시를 읽고 제목을 맞히기
독서 후 활동	▶ 시를 우리 연극으로 만들어요. • 시와 관련된 연극놀이 하기 • 주인공 캐릭터 만들기 • 연극기법으로 표현하기 활동1 : 함께 즉흥극하기
더 찾아하는 활동	▶ 우리 모둠의 시집을 만들어요. • 내 마음에 드는 시 옮겨 쓰기 • 나만의 이야기로 바꿔 쓰기 • 시화로 꾸미기 • 모둠 시집으로 묶어 전시하기

가. 독서준비활동

1) 함께 시를 감상해요.

가) 함께 읽을 동시집을 선정하기

평소 관심을 가진 작가나 주제 및 소재에 대한 동시집을 선택하고 그 특징을 간략히 살펴보는 활동이 필요합니다. 동시집을 읽으며 해 보고 싶은 활동을 계획하는 것도 학생들의 관심과 참여도에 영향을 주므로 독서 준비활동에 있어 아주 중요합니다. 동시집은 교사가 미리 준비할 수도 있고 학생이 집이나 도서관에서 선택하여 소개할 수도 있습니다.

나) '참 좋은 풍경' 동시집 읽기

표지 살펴보기

처마 끝에 달린 보라색 종 아래 달린 물고기가 깜찍합니다. 종이 바람에 흔들리면서 '딩딩' 소리를 내며 친구들을 맞이할 것 같은 장면입니다. 제목과 책 표지 그림을 살펴보면서 시인이 들려주고 싶은 말이나 시집 속에 어떤 이야기가 숨겨있을지 상상해 보는 것이 좋습니다.

제목 살펴보기

제목을 가지고 다양한 질문을 해 보는 것이 좋습니다. 참 좋은 풍경에서 '풍경'의 의미는 무엇일지, 자신이 생각하는 좋은 풍경이란 어떤 것인지, 왜 그 풍경이 좋은지에 대해 제목과 관련된 자신의 경험을 이야기해 봅니다. 좋은 풍경을 보았을 때의 자신의 기분을 떠올리며 작가의 기분도 생각해 봅니다.

다) 나의 '좋은 풍경' 글쓰기

앞서 간단하게 자신이 생각하는 '좋은 풍경'에 대해 이야기를 나누었다면 짧은 글짓기를 통해 자신이 보았던, 기억하고 있는 좋은 풍경을 소개해 봅니다. 이때 미처 말로 하지 못했던 풍경을 자세히 써 보고 어떤 감정이 떠오르는지도 구체적으로 써 보고 모둠끼리 발표해 봅니다.

활동지 1

참 좋은 풍경을 소개합니다

♣ 여러분은 생각만 해도 기분이 좋아지는 참 좋은 풍경이 있나요?
친구들에게 그 풍경을 자세히 소개해 봅시다.

[그림 19] 소개하는 글쓰기 활동지

나. 독서활동

1) 나의 시를 뽑아요.

가) 시의 장면 상상하며 읽기

동시집에 수록된 여러 편의 동시를 읽으며 장면들을 상상하여 읽도록 안내합니다. 그 중에서도 특별히 재미있는 상상을 불러일으키는 작품을 선택하여 메모지에 간단하게 그림을 그려 보도록 합니다. 표현이 어려운 부분은 글씨로 써도 되고 만화로 그려도 좋습니다. 상상하여 표현하는 데 어려움이 있는 학생의 경우는 시집의 시화를 참고할 수도 있습니다. 여기에서 중요한 것은 그림을 잘 그리는 것이 아니라 동시의 장면을 구체적으로 상상하여 표현한다는 것이 중요합니다.

나) 재미있는 동시로 이야기 나누기

동시집을 읽으며 그 가운데 재미있다고 생각되는 동시 몇 편을 골라 보도록 하고, 이때 고른 동시를 배경음악에 맞추어 낭독하거나 좋은 동시로 선정한 이유를 밝히며 발표하는 활동을 가질 수 있습니다. 재미있다고 생각하는 시를 선택하여 포스트잇을 붙이며 읽거나, 마음에 드는 시어를 옮겨 쓰고 책갈피를 만들어 간단히 꾸며 나눠주면서 이야기 활동을 할 수 있습니다. 이때, 동시집 한 권에 수록된 모든 동시를 재미있게 읽을 수 있도록 자유로운 시간을 제공하도록 합니다.

다) 마음에 드는 나의 시 뽑기

동시집을 읽으면서 선택한 몇 편의 동시 중에 가장 마음에 든 시

한편을 고릅니다. 그 시를 그대로 옮겨 써보면서 다시 한번 시의 이야기를 상상해 보고, 왜 그 시를 고르게 되었는지 그 이유를 자세히 써서 발표해 봅니다. 나의 시로 뽑힌 시를 활용하여 자신의 경험과 상상을 더하여 바꿔 써 보기를 해도 좋습니다.

활동지 2

'나의 시'를 뽑아요

♣ 시집에서 나의 으뜸시 한 편을 골라 옮겨 써 봅시다.

_____

_____

_____

♣ 왜 이 시를 고르게 되었는지 그 이유를 자세히 써 봅시다.

_____

_____

_____

[그림 20] 시 선정하기 활동지

2) 시로 퀴즈를 만들어요.

가) 시집에서 퀴즈로 낼만한 시 고르기

동시의 일부분을 보여주고 빈칸에 들어갈 말을 찾는다거나 시에 어울리는 다양한 의성어를 넣어보고, 생소하거나 어려운 시어의 뜻을 찾아보는 활동 등 마음에 드는 시를 골라 퀴즈를 만들어 볼 수 있습니다.

나) 제목 알아맞히기

학생들이 개인별로 좋아하는 시를 소개할 때, 혹은 교사가 짧고 재미있는 시로서 소개할 때에 제목 없이 제시합니다. 함께 낭송한 후에 개인별 혹은 모둠별로 동시에 어울리는 제목을 의논하여 쓴 다음, 어떤 제목이 어울리는지 결정하고 시인이 선택한 제목과 맞추어 보는 활동을 합니다. 이런 제목 만들기 활동을 통해 시의 이야기가 더 풍성해지고 학생들의 감상 능력이 향상될 수 있습니다.

엄마가 참깨를 볶는다
솥이 달면서 타닥타닥
튀어 오르는 참깨
더러는 솥을 뛰쳐나와
바깥으로 떨어진다

엄마는 일과표 안에서
나도 달달 볶는다
영어 과외, 수학 과외, 예능 과외
태권도에 논술까지
참깨는 고소한 내나 나지만
나한테서는 단내가 난다.

♣ 학생들의 제목

– 참깨와 나
– 오늘도 볶는다
– 엄마의 하루
– 고소하지 않아
– 내가 참깨?
– 단내

♣ 작가의 제목

– 닮은 꼴

[그림 21] 제목 맞히기 활동

다. 독서 후 활동

연극교육이 연극을 목적으로 한 전문적인 예술교육이라고 한다면 교육연극은 교육을 목적으로 하고 연극을 교육의 매체, 수단으로써 활용하는 것입니다. 함께 읽은 동시집 중 학생들의 일상과 깊은 관련이 있는 시들을 중심으로 교육연극을 활용하여 독후 활동을 하면 재미있는 시 수업이 될 것입니다.

〈표 19〉 교육연극을 활용한 시 수업의 흐름(2-3차시 활용)

단계	학습 내용	교육연극
도입	연극놀이 하기 • 감정 증폭 놀이 – 짝과 마주 보고 감정을 표현해 보고 보여주는 상대방의 감정을 증폭, 배가하여 표현한다. • 조각상 이어 만들기 – '잔소리'라고 하면 떠오르는 동작을 표현한다. • '지블리시어'로 말하기 – 모둠별로 특정한 상황이나 장소 등을 정한다. – 의미를 알 수 없는 말들로 특정 장소, 상황에서 일어나는 즉흥 장면을 만들어 본다.	※연극놀이를 통해 몸과 마음이 이완되어 자유로운 표현이 가능하도록 한다.

전개	◎ 경험 발표하기 • '잔소리' 하면 떠오르는 자신들의 경험 발표하기 • 언제 주로 잔소리를 듣나요? • 누가 자주 잔소리를 하나요? ◎ 다양한 방법으로 시 읽기 – 선생님이 먼저 읽고 학생들이 따라 읽는다. – 짝과 함께 번갈아 가며 읽는다. – 선생님이 읽으면 학생들이 동작으로 표현한다. ◎ 시 내용 파악하기 • 등장하는 사람들은 누구입니까? • 무슨 일이 있었을까요? • 잔소리를 하는 사람은 누구일까요? • 앞으로 어떤 일이 생길까요? 핵심질문 잔소리가 왜 또 널린다고 했을까? ◎ 연극기법으로 시 감상하기 • 어머니 캐릭터 만들기 – 어머니의 모습, 성격, 사회생활 여부 등 다양한 모습을 상상하여 완성한다. • 핫시팅 하기 – 아들(딸), 어머니를 초대하여 궁금한 점을 물어 본다. • 정지장면 만들기 – 시에 나오는 장면들, 시 밖의 부분들(어머니의 일상, 아들(딸)의 학교생활 등) 상상해서 장면을 만든다. – 터치기법으로 등장인물의 내면의 소리를 낸다.	마임 ※ 상 상 하 여 이야기를 만들어 보도록 한다. 빈의자 기법 핫시팅 타블로
마무리	◎ 정리하기 • 시에 대한 자신의 생각과 느낌 나누기 – 이 시와 가장 잘 어울리는 색종이를 골라 자신의 생각과 느낌을 간단히 적고 전체 공유한다.	

널린다

박방희

후다닥   치워라!
뛰어든 신발   정돈해라!

널브러진   또 널리는
옷가지   잔소리

펼쳐 놓은
책들

[그림 22] 수업에 활용한 시

1) 도입

가) 연극놀이 하기

'감정 증폭 놀이'는 두 명이 마주 보고 하는 놀이로 둘 중 하나가 감정을 표현했을 때 맞은편 학생이 더욱 과장된 표정과 소리를 내며 표현하는 것입니다. 다양한 감정을 표현하고 감정 상태의 다양함을 경험하기에 좋습니다.

'조각상 이어 만들기'는 짝꿍 혹은 모둠별로 몸동작을 연결하여 표현하는 것으로, '잔소리'를 주제로 떠오르는 몸동작을 모둠원별 차례를 정하여 한 명씩 이어서 표현하면 됩니다. 이때 오래도록 생각하는 것이 아니라, 즉흥적으로 자유롭게 표현하면 됩니다.

'지블리시어로 말하기'는 의미를 알 수 없는 말들로 장면을 만드는 즉흥표현입니다. 지블리시는 '횡설수설'이라는 뜻으로 '오잉그리', '빠띠쀼' 등 입으로 낼 수 있는 다양한 소리를 조합하여 만들 수 있습니다. 모둠별로 특정한 상황이나 장소를 정합니다. 이때, 모둠원은 각각의 역할을 나누어 맡고 모둠에서 만든 '지블리시어'만을 사용하여 정해진 장소와 상황에서 일어나는 즉흥 장면을 만들어야 합니다.

예1) 재래시장의 다양한 상인과 손님들
예2) 교통사고 현장에 몰려든 시민, 피해자, 가해자, 경찰, 구급대원 등

2) 전개

가) 어머니 캐릭터 만들기(빈 의자 기법)

빈 의자 기법은 빈 의자에 해당 대상이 앉아 있다고 생각하고 하고 싶은 말을 하는 기법이지만 여기에서는 캐릭터 만들기로 변형해서 사용하였습니다.

의자를 교실 앞에 두고 빈 의자에 시 속 어머니가 있다고 상상해 봅니다. 이렇게 어머니가 의자에 앉아 있다고 가정한 뒤 다양한 질문을 통해 어머니의 캐릭터를 만들어 봅니다. 어머니의 생김새, 성격, 생활 등 어머니라는 인물을 구체화 시킬 수 있는 여러 가지 질문을 통해서 학생들 스스로 어머니의 캐릭터를 만들어 나가도록 합니다.

질문의 예)
• 모습 만들기 "어머니는 어떻게 생겼어요?"
"어떤 옷을 입고 있죠?"
• 성격 만들기 "어머니의 성격은 어떨까요?"
"아들에게는 어떤 말을 자주 할까요?"

"이웃 사람들과는 어떻게 지낼까요?"

• 생활 만들기 "어머니의 일상은 어떨까요?"

"아들과 하루에 얼굴 보는 시간은 얼마나 될까요?" 등

이런 질문들을 통해서 '어머니'라는 캐릭터를 학생들에게 좀 더 다가갈 수 있는 인물로 구체화 시킬 수가 있습니다. 이러한 활동은 '빈 의자 기법' 이외에 'Role on the wall'로 주인공 테두리를 그려서 인물의 성격을 직접 써 볼 수도 있습니다. (연극 만들기 과정 참고)

나) 핫시팅 하기

인터뷰와 핫시팅은 비슷하게 활용하고 있지만 핫시팅은 그 인물로서 질문에 답하는 것이고 인터뷰는 그 대상이 아니더라도 자유롭게 상상하여 대답하는 것에 차이가 있습니다.

핫시팅은 주인공이 되어 볼 사람을 지원받아 앞자리에 나오게 한 후 앞에 있는 사람이 주인공이라고 생각하고 궁금한 점을 묻게 됩니다. 이때, 바로 질문을 받게 되면 엉뚱한 내용의 질문이 있을 수 있으므로 핫시팅을 하기 전에 모둠별로 어머니나 주인공(아들, 딸)에게 궁금한 것을 질문으로 만들어 보게 합니다. 그리고 모둠별 '생각 모으기' 활동을 통해 필수 질문 두, 세개 정도 추려 보게 합니다. 그러면 중요한 핵심질문들이 나오는 경우가 많습니다.

학년이 낮을수록 인물의 분리를 못 합니다. 그렇기 때문에 '의자에서 일어서면', '모자를 벗으면', 이라는 말로 역할에서 현실로 돌아온다는 것을 알게 해 주는 것이 중요합니다. '뽀로롱' 같은 특수 음향을 틀어주어 원래로 돌아온다는 것을 알려주어도 좋습니다. 그렇지 않으면 악역 역할로 '핫시팅'한 친구에게 실제로 비난을 하게 되는 상황이 발생할 수 있습니다.

다) 정지장면 만들기(타블로)

시를 통해 연상되는 장면을 만들어 봅니다. 시에 나오는 내용도 있지만 빈 의자와 핫시팅 활동을 통해 상상해 보았던 어머니와 아들(딸)의 평소 생활 모습도 만들어 보도록 합니다. 방을 어지르고 있는 모습, 그 모습을 보고 속상해하거나 화를 내는 어머니의 모습, 평소 주인공의 학교생활 장면 등 여러 장면이 나올 수 있습니다. 이때 정지장면 만들기에서 모두가 사람연기를 할 필요는 없습니다. 누군가는 집의 물건이 될 수 있고 대사는 사물을 의인화시켜서 표현할 수 있기 때문에 등장인물에 제한을 받지 않습니다.

이렇게 만들어진 정지장면을 통해 각 인물의 속마음과 사물이 생각하는 이 상황을 말로 들어보면서 나의 모습을 발견하거나 반성하는 시간을 가질 수 있습니다. 학생들이 만든 정지장면은 각자의 삶이 묻어 있는 경우가 많습니다. 학생들 평소 가정에서의 모습과 생각을 확인할 수 있고 각자의 모습에서 공감을 느끼거나, 잔소리 일색인 어머니의 삶을 들여다보고 고단한 어머니의 마음을 읽을 수 있는 시간이 될 것입니다. 각자 집에서의 모습을 발견하고 어머니의 입장을 이해하며 앞으로 어떻게 생활해야 할지 뒷이야기를 나누는 시간을 가져도 좋습니다.

교육연극은 연극에서 활용하는 다양한 기법을 교육적으로 활용하는 것으로 교실에서는 주로 연극놀이와 연극기법을 혼용하여 활용하고 있습니다.

연극놀이는 즉흥극 놀이와 연극 만들기의 기초적인 단계로 연극적 요소를 놀이와 결합시켜 아이들이 활동에 참여하는 가운데 자연스럽게 창의적인 표현을 끌어내는 활동입니다. 연극놀이는 집단 속에서의 역할이나 규칙을 이해하고 자신의 생각이나 이미지를 심화시키는 학습 방법으로 정해진 각본에 따라 하기보다는 즉흥적인 발상이나 창의적 표현력이 강조되는 놀이의 특성을 가집니다.

라. 더 찾아 하는 활동

1) 내 마음에 드는 시 옮겨 쓰기

동시집을 읽고 가장 마음에 드는 시를 옮겨 적어보는 활동은 매우 중요합니다. 따라 쓰는 동안 읽기만 했을 때에는 미처 느끼지 못했던 작가의 마음을 알아차리기 쉽기 때문입니다. 시를 옮겨 쓸 때에는 어떤 내용인지, 어떤 장면인지 구체적으로 상상해 가며 또박또박 쓰고 내용과 관련된 그림을 간단하게 그리며 꾸며도 좋습니다.

2) 나만의 이야기로 바꿔 쓰기

학생들은 재미있는 동시를 읽게 되면 자신이 생각해 낸 상상 혹은 경험들을 비슷하게 바꿔 쓰는 활동을 좋아합니다. 학생들이 하고자 하는 것을 독려하고 상상에 그치지 않고 창작해 볼 수 있는 기회를 제공하는 것이 중요합니다.

예시) 동시 바꿔쓰기 사례

참 좋은 풍경	참 좋은 풍경
박방희	5-1 ○○○
따로 있으면	혼자 있으면
소리 안 나는	멍 때리는
쇠종 하나에	우리반 지훈이 옆에
물고기 한 마리 ▶	전학생 민주
둘이 만나니	둘이 만나니
댕그랑 댕댕	까르르 깔깔
맑은 소리가 되네	웃음 소리 들리네
참 좋은 풍경이네	참 좋은 풍경이네

[그림 23] 시 바꾸어 쓰기

박방희 시인의 동시 [참 좋은 풍경]을 통해 학생들의 학교생활, 가정생활 등 그들의 삶에서 볼 수 있는 좋은 풍경에 대해 생각해 보게 합니다.

[참 좋은 풍경]을 읽고, 항상 교실에서 짝 없이 혼자 앉아 있던 지훈이 옆에 전학생 민주가 함께 앉게 되자 웃음이 끊이지 않는 즐거운 학교생활을 하고 있는 모습이 보기 좋다며 담백하게 풀어 쓴 학

생의 시입니다. 이처럼 학생들의 주변에서 사소하지만 의미 있게 생각한 좋은 풍경을 시로 표현해 보며 함께 이야기할 수 있는 기회를 주는 것이 중요합니다.

3) 시화로 꾸미기

자기가 바꿔 쓴 시를 소리 내어 읽으며 어감이 불편하거나 마음에 들지 않는 부분은 수정하는 시간을 가집니다. 완성된 시는 색지나 도화지에 바르게 옮겨 적고 시의 내용에 어울리는 그림을 꾸며 시화를 완성합니다. 이때 원작과 함께 꾸며 바뀐 내용을 확인하는 것도 재미있습니다.

4) 모둠 시집으로 묶어 전시하기

학급 전체 구성원들에게 발표하고 공유하는 것은 꼭 필요하고 중요합니다. 독서 활동에 대한 자기반성 및 성찰, 좋았던 점 혹은 부족한 점을 발표하며 공유하는 활동을 통해 자신의 독서 활동을 돌아보는 시간을 갖고 새로운 아이디어를 생각해 볼 수 있는 시간이 될 것입니다.

4. 시 읽기, 다음 수업을 위하여

시 읽기에 즐거움을 갖고 깊이 읽을 수 있도록 하려면 학생 스스로 감상 활동을 결정하도록 기회를 주는 것이 좋습니다. 어떤 책을 고르고 어떻게 감상하려고 하는지 모둠별로 이야기 나누는 시간을 갖는 것은 자신의 감상 계획을 공표하여 의미를 가지기에 좋습니다.

시를 읽고 좋아하는 시를 옮겨 적은 책갈피를 만들어 친구들에게 선물하며 좋은 시어를 공유하는 시간을 가지는 것도 시를 오래도록 기억하는 방법이 될 것입니다. 그리고 같은 시인의 다른 시집을 연결하여 읽는 것과 같은 주제를 가진 시집을 찾아 읽는 것도 다양한 시 감상을 위한 좋은 방법이 될 것입니다.

5. 시로 연극 만들기 수업 디자인

　　신형건 시인의 '시간여행'은 시집 '배꼽'에 발표된 시입니다. 이 시는 시 속 인물이 가끔 혼자 있고 싶을 때 책상 위에 엎드려 시간여행을 다녀온다는 내용으로, 낯선 곳으로 전학을 온 어린 시절의 시인이 새 학교에 적응하기 위해 주로 했던 행동을 떠올리며 썼던 시라고 합니다. 이 시는 주인공을 어떻게 구체화하느냐에 따라 다양한 연극적 상황을 만들 수 있습니다. 이 시를 읽고 학생들은 무엇 때문에 혼자 있고 싶은지, 혼자 있고 싶을 때에 무엇을 하고 싶은지 혹은 어딜 가고 싶은지, 그리고 다시 돌아오게 되는 계기는 무엇인지에 대한 가상의 연극적 상황을 만들어 수업을 해보고자 합니다.

시간여행

신형건

가끔, 아주 가끔 책상 위에
엎드리고 싶을 때가 있지

아무런 까닭 없이 맥이 풀릴 때
아무도 아는 척하고 싶지 않을 때
그냥 눈을 꼬옥 감아 버리고만 싶을 때

책상 위에 두 팔을 가지런히 포개고
그 위에 뜨거운 이마를 얹고
가만가만 숨을 고르노라면

친구들이 왁자지껄 떠드는 소리는
아득하게 멀어져 가고
깜깜한 어둠은 점점 더 깊어지지
날 그냥 내버려 두렴

잠들려는 것이 아니야
어떤 꿈을 꾸려는 것이 아니야

나만의 타임머신을 타고
어디 머나먼 곳을 잠깐 동안
다녀오려는 것뿐이야

그곳에서 나의 별을 찾으면
그 별이 문득 환하게 빛나는 것처럼
나도 다시 반짝! 깨어날 거야.

'시간여행'은 시를 읽는 아이들 각각의 배경 지식과 경험에 따라 조금씩은 다른 느낌으로 다가올 겁니다. 시를 이해하는 다양한 방법 중의 하나로 연극을 제시하는 것은 좀 더 시의 해석을 열어두는 기회가 될 수 있습니다. 시에 상상을 더한 연극 만들기를 통해, 시인의 의도와 시의 주제를 쫓기보다는, 시에 대한 학생들 스스로의 이해를 바탕으로 학생들의 삶에 더 가까이 다가갈 수 있고 그들의 삶을 반영하는 다양한 표현들을 접할 수 있는 기회가 되기 때문입니다.

노래 가사나 시는 함축적이고 비유적인 표현들로 되어 있어서 노

랫말이나 시어를 바탕으로 현실적인 이야기로 재구성하여 연극을
만들 수 있습니다. 그 예로는,

- 시의 각 연을 몸짓으로 낭송에 맞추어 그대로 표현해 보기
- 시어의 상징을 현실적 장면으로 재구성해 보기
- 시에 등장하는 화자와 등장인물들의 상황, 관계, 장소와 이미지
  등을 분석하여 장면으로 만들어 보기
- 인물의 방을 만들어 보거나, 인물 핫시팅을 통해 인물을 구체화
  해 보기
- 움직임과 소리, 공간 설치 등을 활용하여 시의 심상을 연극적으
  로 표현해 보기 등이 있습니다.

가. 교육과정의 구성

시를 활용한 연극 만들기는 구성 단계를 총 4단계로 나누어 보았
습니다. 1단계와 2단계는 '과정 중심의 연극 만들기'로 진행되며, 3
단계는 완성도 있는 공연 발표를 위한 준비 단계이고, 4단계는 마
무리 단계로 공연 및 공연 이후의 평가를 위한 것입니다. 여기에서
는 시를 활용한 연극 만들기 수업이 이루어지는 1, 2단계를 중심으
로 안내하도록 하겠습니다. 2단계를 통해 대본이 완성된 이후의 활
동은 〈6. 알아두면 좋은 연극 만들기 과정〉에서 '캐스팅하기'부터
참고하면 좋습니다. 단계별 소요 차시는 진행 상태에 따라 유동적
으로 운영하시면 됩니다. 아울러, 시를 활용한 연극 만들기 수업은
다른 교과와 연계한 프로젝트 학습으로 하는 것이 수업시수 확보 및
작품의 완성도를 위해 좋습니다. 그리고 본격적인 연극 연습이 시
작되는 3단계의 경우 블록제 수업을 통해 연습시간이 충분히 지원

되는 것이 효율적이고, 이 단계부터는 교사의 적극적인 도움이 필요한 단계입니다.

<표20> 시를 활용한 연극 만들기 구성 단계

단계	활동 주제	차시	내용	비고
1단계	연극과 만나기	1	• 연극과 친해지기 −다양하게 걷기 (움직임) −서로 다른 '아' (상황)	※학생들의 표현능력에 따라 차시 조정 가능함.
		2	• 연극 요소 체험하기❶ −소리 오케스트라 (음향, 코러스) −보자기 변형하기 (소품, 의상)	
		3	• 연극 요소 체험하기❷ −그 곳으로 가자! (대사 창작) −한 장의 사진 이야기 (즉흥표현)	
2단계	이야기 구성하기 (대본 만들기)	4	• 시 읽기 −낭송하기 −움직임으로 표현하기 −시에 대한 느낌 나누기	※상상의 장소를 모둠별로 구상하여 창의적으로 만들도록 함.
		5	• 중심인물, 주변인물 만들기 −인물의 내, 외적 특징 만들기 −인물과 대화하기	
		6	• 시의 일부분 장면으로 구성하기❶ −장면 나누기 　(교실→머나먼 곳→교실) −모둠별 '머나먼 곳' 구상하기 −즉흥극으로 보여주기	
		7	• 시의 일부분 장면으로 구성하기❷ −소중한 것 표현하기 −모둠별로 '나의 별' 찾기 −결말 함께 완성하기	
		8	• 모둠별 즉흥극 대본화하기 −1차 대본 정리하기 −연극 제목 정하기	

3단계	연극
	만들기
	(발표
	준비)
		9	• 연극 만들기를 위한 회의하기❶
			  – 대본 수정 및 완성하기
			  – 함께 읽기
				※대본의 완
				성도를 위
				해 교사의
				수정이 필
				요함.
				※모둠별 부
				분연습 중
				대본 수정
				이 계속 이
				루어짐.

		10	• 연극 만들기를 위한 회의하기❷ – 연극의 역할 정하기/캐스팅	

		11	• 무대화를 위한 세부 연습하기❶
			  –연기를 위한 대본 분석하기
			  –무대 위의 세부 약속들 정하기
			  –발표장소, 발표대상 정하기	

		12	• 무대화를 위한 세부 연습하기❷ –무대 움직임 약속하기/블로킹	

4단계	함께
	나누기
	(공연
	및 평가)
		13	• 총연습하기
			  –소품 준비하기
			  –연결해서 연극하기/런스루
				※학교 내 연
				극공연 안내
				하기

		14	• 마무리 연습하기 –리허설	
		15	• 공연하기	
		16	• 의견 나누기 –발표 소감, 잘된 점 나누기	

나. 차시별 안내

1단계는 연극 만들기에 앞서 연극을 이해하기 위한 첫 단계로 학급 학생들의 활동성에 따라 몇 차시를 운영할지 결정할 수 있고, 안내되어 있는 연극놀이 이외의 다른 연극놀이를 적용해도 좋습니다.

1) ①차시: 연극과 친해지기

연극적 표현을 하기에 앞서 학생들의 몸과 마음을 열어주는 단계가 필요합니다. 연극놀이를 통해 몸을 움직이며 재미있게 표현하는 기회를 가짐으로써 학생들 서로가 친밀해지고 신뢰감을 갖게 되며, 각자 상상한 것을 자유롭게 표현하고 나와 다름을 수용함으로써 다양한 이야기를 만들어 내기가 쉽습니다.

단계 (시간)	학습요항	교수·학습활동	자료 및 유의점※
들어가기 (10분)	프로젝트 안내	◎시를 활용한 연극 만들기 수업 안내 • 시에 대한 이해를 바탕으로 프로젝트 연극 만들기에 대한 안내하기 • 프로젝트 순서 의논하기	
펼치기 (25분)	연극과 친해지기	◎다양한 움직임과 소리내기 • 다양하게 걷기 　-다양한 움직임을 표현하며 걷는다. • 서로 다른 '아' 　-상황에 따른 '아'의 차이 알고 표현해 본다.	①배경음악 ※학생들이 부딪히지 않도록 공간 확보하기
맺기 (5분)	생각 나누기	◎놀이에 대한 소감 나누기 • 느낌, 생각 말하기	

가) 다양하게 걷기

• 자연스럽게 공간을 돌아다니면서 위, 아래, 사방에 무엇이 있는지 관찰한다.
• 교사의 신호에 따라 다양한 방법(빠르게, 느리게)으로 걸어 다닌다.
• 걸어 다니는 중 교사가 '멈춰' 하면 멈춰 섰다가 다시 걷는다.
• 다양한 걷기가 익숙해지면, 교사는 동물, 인물, 장소 등을 상황과 함께 제시하고 학생들은 이를 표현하며 걸어보도록 한다.
　예) - 강아지가 되어 주인과 함께 산책하고 있습니다.
　　　- 새가 되어 하늘을 날고 있습니다.
　　　- 우주인이 되어 걸어봅니다.

나) 서로 다른 '아'

- 둥글게 앉아서 한 명씩 '아' 소리로 연상이 되는 상황을 동작과 함께 소리를 낸다.
- 앉은 자리에서 줄줄이 따라 해 보며 어떤 상황인지 맞추어 본다. 예) 턱에 손을 대며 이가 아픈 듯 '아'하고 신음소리 내기
- 연속하여 상황에 따라 다양하게 표현할 수 있는 '서로 다른 '아'를 표현하고 따라 해 본다.

2) ②차시: 연극 요소 체험하기❶

단계 (시간)	학습요항	교수·학습활동	자료 및 유의점
들어가기 (5분)	연극요소 추측하기	◎연극의 표현 요소 찾기 • 체험할 연극 요소 추측하기	
펼치기 (30분)	연극요소 체험하기	◎소리와 상상 표현하기 • 소리 오케스트라 ‒장소별 소리를 만들어 본다. • 보자기 변형 놀이 ‒보자기를 상황에 알맞은 물건으로 변형하여 표현한다.	❶보자기
맺기 (5분)	생각 나누기	◎놀이에 대한 소감 나누기 • 인상적인 활동 말하기 • 소리와 상상표현이 주는 연극적 재미에 대해 이야기 나누기	

가) 소리 오케스트라

- 교사가 한 장소를 제시하면 학생들은 그 장소에서 들릴 법한 소리를 자유롭게 내어보고 함께 따라 해 본다.
- 다양한 소리를 만들어 내는 게 익숙해지면 모둠별 장소를 정해서 높낮이, 강약, 리듬 등을 달리하여 소리를 내어본다.

• 목욕탕, 놀이동산, 바닷가, 공항 등의 장소를 제시할 수 있고, 이때 못 알아맞히도록 하는 게 중요한 것이 아니라, 장소를 효과적으로 표현할 수 있도록 소리를 만들어 내고 공감해 보는 경험이 중요하다.

나) 보자기 변형 놀이(막대기 가능)

• 교사가 보자기를 제시하며 무엇이든 변할 수 있는 변형 보자기라고 소개한다. 이때 교사가 잠깐 보자기를 접어 '샤워기, 마이크' 등의 예를 보여줄 수 있다.

• 한 명씩 돌아가며 보자기를 변형하여 표현한다.

• 발표자가 표현할 때까지 기다려 주고 표현이 끝난 후 학생들은 그 물건이 무엇인지 맞추어 본다. 이때, 보자기를 활용하여 무엇인양 사용하는 것을 표현하도록 하는 것이 중요하다.

(예: 보자기 접어 끝을 잡고, 두 손을 머리 위로 들어 힘겹게 들어 올린다 → **역기** 표현)

3) ③차시: 연극 요소 체험하기❷

단계(시간)	학습요항	교수·학습활동	자료 및 유의점
들어가기 (10분)	연극요소 이해하기	◎연극의 중요 표현 요소 알기 • 몸짓에 어울리는 말하기	
펼치기 (25분)	연극요소 체험하기	◎즉흥 장면 표현하기 • 그곳으로 가자! −장소에 어울리는 몸짓과 말을 해본다. • 한 장의 사진 이야기 −사진의 상황 즉흥적으로 표현한다. −대사를 넣어 즉흥극을 한다.	❶사진들
맺기 (5분)	생각 나누기	◎장면 만들기에 대한 소감 나누기 • 장면에 어울리는 말에 대한 의견 나누기	

가) '그 곳으로 가자!'
- 모둠별 장소를 정하고 각각의 장소에서 일어날 수 있는 행동들을 찾아 모둠별 정지장면으로 표현해 본다. 각각의 학생들의 정지장면이 모여 하나의 장소를 표현하게 된다.
- 교사가 정지동작 학생들의 어깨를 두드리면 '내면의 소리'를 말한다.
- '액션!' 구호를 들으면 자유롭게 움직이며 말한다. 나머지 학생들은 움직임과 대사를 들으며 어떤 장소인지 알아맞힌다.

나) 한 장의 사진 이야기
- 교사는 모둠별 특정한 상황이 묘사되어 있는 사진을 나누어 준다.
- 모둠별 선택한 사진을 보고 그 상황을 상상하여 즉흥 장면을 만든다.
  예) 아이들이 찍혀 있는 사진: 쉬는 시간 → 각각의 아이들이 무엇을 하고 노는지 장면 만들기
- 발표가 끝난 후 가장 재미있는 장면을 골라 사건의 전, 후를 상상하여 이야기를 만들 수도 있다.

4) ④차시: 시 읽기

단계(시간)	학습요항	교수·학습활동	자료 및 유의점
들어가기 (5분)	연상하기	◎낱말 연상하기 • 사진과 관련된 낱말 말하기 　-친구, 외로움, 시계, 낮잠 등	❶사진
펼치기 (30분)	시 이해하기	◎'시간여행' 시 읽기 • 다양한 방법으로 시 낭송하기 　-교사가 낭송 → 학생들이 낭송한다. 　-책상에 엎드려서 들어 본다. 　-낭송에 따라 움직여 본다.	❷BGM 악기 등

	시 이해하기	◎시의 내용 이해하기 • 시의 인상적인 표현 찾기 • 시와 관련하여 궁금한 것 자유롭게 묻고 답하기 • 시에 대한 느낌 나누기	
맺기 (5분)	활동 마무리	◎생각 나누기 • 시를 읽고 여러 가지 활동한 소감 서로 이야기 나누기	

다양한 방법으로 시를 낭송한 다음, 시의 주인공처럼 책상에 엎드려 보고 가만히 시를 들어봅니다. 낭송과 감상을 통해 시의 분위기를 느낀 후 시를 직접 읽으며 몸을 움직여 봅니다. 시가 몸짓으로 표현되었을 때 갖게 되는 본인의 느낌을 공유하며 시의 주인공과 연결 짓기를 해 봅니다. 그리고 시와 관련하여 궁금한 것을 자유롭게 묻고 대답해 봅니다.

- 이 아이는 누구일까?
- 이 아이에게 어떤 일이 있었던 걸까?
- 우리도 이렇게 혼자 책상에 엎드려 있어 본 적이 있는가? 그렇다면 어떨 때 그런 행동을 하는가?
- 이 아이가 다녀온 '머나먼 곳'은 어디일까?
- 주인공이 찾게 되면 돌아온다는 '나의 별'은 무엇일까? 우리에게도 각자의 '나의 별'이 있다면 무엇일까?
- 이 시에서 하고 싶은 말은 뭘까?

5) ⑤차시: 중심인물, 주변인물 만들기

단계(시간)	학습요항	교수·학습활동	자료 및 유의점
들어가기 (5분)	시 감상	◎시 낭송하기 • '시간여행' 시 함께 낭송하기 −분위기를 느끼며 낭송한다.	❶BGM

펼치기
(30분)
	인물
	만들기
		◎중심인물 만들기
		• 중심인물 상상하기
		  –전지에 사람 윤곽을 그려 내부(성격), 외부
		   (신체적) 성향을 적어본다.
		• 중심인물 정의하기
		  –중심인물은 (　　　　　　　)이다.
		  –중심인물은 외로움을 많이 타는 아이이다. 등
		  –중심인물이 되어 움직여 보기
		◎주변 인물 만들기
		  –엄마, 선생님, 친구, 짝 등
			❷전지, 사인펜
			※자유로운 의견
			이 나오도록
			충분한 시간을
			준다.
			
			❸빈 의자

맺기
(5분)
	인물
	정리하기
		◎인물도 확인하기
		• 중심인물과 주변인물의 관계 확인하기
		  –자신들이 만들어 낸 인물들을 보고 이야기를
		   나눈다.	

가) 중심인물 만들기

교사는 이야기의 중심인물이 어떤 사람인지에 대해 충분히 생각하도록 합니다. 시 속에서 책상에 엎드려 있는 이 학생은 어떤 성격이며, 어떤 모습의 학생일지 등 다양한 면에서 구체화할 시간을 줍니다.

- 모둠별로 전지에 사람 윤곽을 그려서 윤곽선의 내부에는 인물의 심리, 정서적인 면을, 윤곽의 외부에는 신체적, 사회관계, 경제적인 면을 적습니다.

위의 활동을 바탕으로 교사는 '중심인물은 (　　　　　)이다'라고 쓴 후, 학생들이 (　　　　　)의 내용을 이야기하도록 합니다.

- 예: 중심인물은 음악 듣기를 좋아하는 인물이다.
  중심인물은 혼자 있기를 좋아한다. 등

학생들이 만들어 내는 정보를 바탕으로 중심인물의 나이, 성별, 이름, 생김새 등을 함께 정합니다. 이때에도 전지에 사람 형태의 이미지를 그려 놓고, 학생들의 이야기를 종합하며 정리해 나갑니다.

나) 주변인물 만들기

'빈 의자'에 중심인물이 앉아 있다고 가정한 후, 5명 정도의 지원자를 뽑아 그들이 임의로 주변 인물이 되어 봅니다. (예 : 엄마, 친구, 선생님 등) 지원자들은 자신이 설정한 인물이 되어, 중심인물 주변의 적당한 자리에 위치하고, 교사가 '땡' 하고 어깨를 치면 중심인물에게 한 마디씩 이야기해 봅니다. 그리고 교사가 하는 주변인물에 대한 추가적인 인터뷰를 통해 중심인물의 상황을 유추해 봅니다.

- 엄마로서 중심인물에게 하고 싶은 말은?
- 친구로서 요즘 중심인물이 힘든 건 무엇이라 생각하는가?
- 선생님이 보기에 중심인물이 이런 행동을 하는 이유가 무엇이라고 생각하는가?

6) ⑥차시: 시의 일부분 장면으로 구성하기

단계(시간)	학습요항	교수·학습활동	자료 및 유의점
들어가기 (5분)	인물 확인하기	◎인물에 대한 생각 나누기 • 우리가 만든 인물에 대한 생각 말하기 –중심인물, 주변인물에 대해 이야기한다.	❶전지인물도
펼치기 (30분)	즉흥극 만들기	◎즉흥 장면 표현하기 • 장면 카드 만들기 (? →교실 →머나먼 곳 →교실) • 전사(앞 이야기) 만들기 –교실로 오기 전 주인공에게 있었던 일을 상상하여 이야기한다.	❷장면카드 ※가장 그럴 듯 한 전사를 선택하여 발단을 정한다.

	즉흥극 만들기	• 주인공의 여행지 상상하기 –모둠별 '머나먼 곳'이 어디인지 의논하고 장면을 구상한다. –즉흥으로 보여준다.	※2분 이내로 마치기
맺기 (5분)	장면 보충하기	◎장면에 대한 의견 나누기 • 인상적인 장면, 이해가 되지 않는 점, 아쉬운 점 말하기	

가) 장면카드 만들기

모둠별로 중심인물에게 어떤 사건이 발생했는지 의견을 자유롭게 내어 봅니다.

> 예) 게임을 많이 하다가 어머니에게 꾸중을 들었다.
>
> 얼마 전에 전학을 와서 친한 친구가 없다.
>
> 아이들이 나랑 놀아주지 않는다. 등

사건과 상황, 일어날 수 있는 장면 등에 대해 이야기를 나누며, 책상에 엎드리기 전에 중심인물에게 있었던 상황을 만들어 봅니다. 대략의 줄거리를 정리해 본 후, 장면카드에 핵심 장면을 정리해 봅니다.

> • 이 시에서 장소를 구분한다면 어떻게 나눌 수 있을까?
> • 중심인물이 교실에서 엎드리기 전 무슨 일이 있었을까?

나) 장면 구성하기

모둠별로 구성할 장면은 중심인물이 다녀온 '머나먼 곳'입니다. 아래의 질문을 서로 묻고 답하며 이야기를 구성합니다.

- 중심인물의 '머나먼 곳'이라는 여행지는 어디일까?
  (예: 우주의 어느 행성, 놀이동산, 도깨비의 마을 등)
- 그 곳에서 누구를 만났을까?
- 무슨 일이 있었을까?
- 머물고 싶은 곳이었을까? 다시 가고 싶지 않은 곳이었을까?

  모둠별로 중심인물이 다녀간 '머나먼 곳'에 대한 핵심 장면을 구성하게 되면 모둠별로 돌아가며 그 장면을 즉흥극으로 발표합니다. 즉흥극이라고 하지만 대사에 대한 부담이 있어 어딘가에 적고 싶은 학생들이 있습니다. 이런 경우 포스트잇을 활용하면 됩니다. 생각나는 대로 상황에 맞게 이야기하는 것이 가장 좋으나 말하기에 부담을 느끼는 학생들은 대사를 적은 포스트잇을 손에 붙여서 보고 말하도록 허용해주어도 좋습니다.

7) ⑦차시: 시의 일부분 장면으로 구성하기❷

단계 (시간)	학습요항	교수·학습활동	자료 및 유의점
들어가기 (10분)	경험 말하기	◎나의 경험과 시 연결하기 • 나에게 소중한 것(나의 별)을 발표하기 –A4를 자유롭게 접거나 찢어서 자신의 소중한 것을 표현하고 발표한다.	❶A4빈종이

펼치기
(25분)
	즉흥표현
	하기
		◎즉흥 장면 표현하기
		• '머나먼 곳'에서 돌아올 수 있는 계기 만들기
		  –모둠별 '머나먼 곳에서 찾은 나의 별'에 대해 이야기한다.
		  –'머나먼 곳 + 나의 별' 이야기로 모둠별 이야기 수정, 보완하기
		◎즉흥극 하기
		  –모둠별 수정된 장면 즉흥극 하기
			❷녹화기기

단계 (시간)	학습요항	교수·학습활동	자료 및 유의점
	즉흥표현 하기	◎결말 완성하기 • 우리 이야기의 주제 생각해 보기 −머나먼 곳에서 교실로 돌아온 이후의 모습을 상 상해 본다. −어떤 생각이 드는지 이야기한다.	
맺기 (5분)	연극요소 알기	◎연극 요소 이야기하기 • 대본 쓰기에 필요한 것 알기 −해설, 지문, 대사	

수업을 시작하면서 학생들의 삶 속에서 소중하다고 생각했던 것
들을 함께 이야기해 보고, 중심인물이 다녀간 머나먼 곳에서 발견
하는 소중한 것(나의 별)은 무엇일까에 대해 생각해 봅니다.

> 예) 엄마의 도시락, 가족들의 웃음소리, 친구가 건네준 우산, 동생
> 과 함께 가지고 놀던 축구공, 우정 등

8) ⑧차시: 모둠별 즉흥극 대본화하기

단계 (시간)	학습요항	교수·학습활동	자료 및 유의점
들어가기 (5분)	장면 정리하기	◎장면카드 정리하기 • 사건의 순서대로 장면 정리하기 −모둠별 장면을 설명한다.	장면카드
펼치기 (30분)	대본쓰기	◎즉흥 장면 대본화 하기 • 모둠별 즉흥극 대본화 하기 −❶을 참고하여 1차 대본을 정리한다. −대본을 돌아가며 읽어보고 수정한다. −대본을 ❷에 탑재하여 공유한다. • 연극 제목 정하기 −머나먼 곳, 시간여행, 그곳에 가다, 아이의 여 행 등	❶녹화자료, 대본용 학습지 ❷구글문서

맺기 (5분)	연극요소 알기	◎연극요소 이야기하기 • 연극을 위한 다음 단계 알아보기 −캐스팅, 소품, 음향, 조명 등	

전체의 의견을 모아 선택된 모둠별 핵심 장면은 지난 시간에 즉흥극으로 나타낸 것을 바탕으로 대본을 정리합니다. 모둠별 정리할 대본으로는 함께 정한 첫 장면, 모둠별로 표현한 머나먼 곳 장면, 교실로 돌아온 뒷 장면입니다. 학급의 학생 수에 따라 전체적으로 대본을 완성해야 할 수도 있지만 한 학급에 5 모둠이 있다고 가정할 경우, 1 모둠은 첫 장면, 2~4 모둠은 각 모둠이 상상한 머나먼 곳, 5 모둠은 마지막 교실로 돌아온 뒷 장면으로 나누어 대본화 할 수도 있습니다.

선생님은 학생들이 6, 7차시에 발표한 즉흥극을 녹화해 두었다가 대본 정리할 때 학생들에게 제공해주면 좋습니다. 학생들은 자신들의 녹화영상을 보면서 대사를 수정, 보완하면 됩니다. 1차 대본이 완성되면 구글 문서에 탑재하여 서로 읽어보고 연극의 제목을 함께 정해 봅니다.

9) 대본 완성 이후

모둠별로 1차 정리된 학생들의 대본은 이야기 진행 순서로 묶어 전체 대본의 형식으로 출력한 후, 학생들이 함께 읽어보고 수정 및 보완의 시간을 가집니다. 이후 선생님은 대본의 형식적인 면을 좀 더 다듬어 줍니다. 이렇게 완성된 대본은 함께 읽어보고, 연극에 필요한 다양한 영역의 역할들(연출, 배우, 음향, 조명 등)을 정하도록 합니다.

이 시 '시간여행'의 연극 만들기는 교실에서 머나먼 곳으로, 머나먼 곳에서 교실로 공간이 이동되면서 연극이 이루어지는 구조입니다. 그래서 각각의 장면은 각 모둠에서 모둠원끼리 연출의 역할을 하게 되고, 모둠에서 배역을 정하고 연습을 한 후에는 전체적으로 선생님이 연출을 도와주는 것이 좋습니다. 이때 장면마다 등장할 주인공 '나'는 역할 선정(캐스팅)단계를 통해 뽑고 지원자가 많을 경우에는 '2인 1역'도 좋은 방법입니다. 교실에서 공연을 할 때에는 커튼을 내리고, 조명을 대신하여 막과 막 사이에 '교실 전등'을 꺼주거나, 막과 막 사이에 연결 음악을 사용하여도 효과적입니다. 이때 음향은 컴퓨터를 잘 다루는 지원자에게 역할을 주는 것이 좋습니다.

〈표21〉 '시간여행' 연극 만들기 예시

제 목		그 아이의 여행	
주 제		친구들과 어울리며 즐거운 학교 생활을 하자.	
구 성		장면	장소
1 막		엄마에게 꾸중듣는 장면, 친구들끼리 노는 장면 (책상 위 엎드려 있는 주인공 앞에서 연기)	교실
2 막	1장	게임나라의 각종 캐릭터들을 만남	게임나라
	2장	우주 놀이동산에서 외계인들을 만남	우주 놀이동산
	3장	외국 오디션 방송 프로그램에 참여함	방송국
3 막		잠을 깨우는 친구들과 함께 어울려 놈	교실

6. 알아두면 좋은 '연극 만들기' 과정

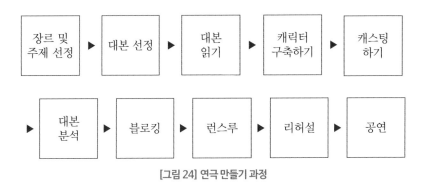

[그림 24] 연극 만들기 과정

가. 장르 및 주제 선정

먼저 연극을 통해 어떤 이야기를 보여 줄 것인지 회의를 통해 결정합니다. 학생들의 다양한 생각을 모아서 연극을 통해 '하고 싶은 이야기'를 정하는 단계로, 주제가 정해지면 어떤 형식의 연극을 만들 것인지 결정합니다. 연극인지 뮤지컬인지, 진지한 연극인지 코믹한 연극인지, 교훈적인 연극인지 풍자적인 연극인지를 결정하도록 합니다.

등장인물의 수나 작품의 내용은 수정이 가능하지만 장르와 주제는 대본 선정 후에 수정하기가 쉽지 않으므로 대본을 고르기 전 어떤 장르의 작품을 선보일지, 무엇에 가치를 두고 작품을 선정할지를 먼저 고려하도록 합니다.

〈표 19〉 장르 및 주제 선정 시 유의점

장르 선택	
연극	뮤지컬
• 연기에 집중하고 감정선의 흐름을 파악하기 쉬움 • 뮤지컬에 비해 높은 연기력이 요구됨	• 노래와 연기를 따로 연습할 수 있음 • 노래와 연기가 자연스럽게 연결되지 않을 수 있음

주제 선정			
진지	코믹	교훈	개념이해
• 전하고자 하는 주제를 정확히 전달할 수 있음 • 관객이 지루해 할 수 있음	• 재미있게 연습할 수 있고 관객의 호응이 좋음 • 상당한 연기력이 요구되어 연습시간이 많이 필요함	• 인성 교육에 좋음 • 뻔한 결말로 흥미가 떨어질 수 있음	• 전달하고자 하는 개념을 연극을 통해 쉽게 익힘 • 주제선택에 제한이 있음

나. 대본 선정

장르와 주제를 선정한 후에는 대본을 선정하도록 합니다. 등장인물의 수와 활용 가능한 의상이나 소품도 함께 고려하여 대본을 선정하도록 합니다. 등장인물 수가 배우의 수보다 많을 경우 1인 2역, 적을 경우 친구1, 친구2, 친구3 등으로 대본을 수정할 수도 있습니다.

가장 확실한 방법은 결정된 주제에 맞는 내용의 대본을 직접 작성하는 것이지만 시간이 많이 걸리므로 다음 4가지의 경우를 제안합니다.

1) 이미 만들어진 대본 번안하기
2) 원작 (소설, 영화 시나리오 등)을 희곡으로 각색하기

3) 학생들의 아이디어를 모아 대본 만들기

4) 교과서 희곡 자료 및 교육청 제공 자료 활용하기

다. 대본 읽기

이 단계에서는 정해진 배역 없이 전체 대본을 한 배역씩 돌아가며 읽습니다. 흔히 한 문장씩 번갈아 읽는 것과 같은 방식으로 읽되, 한 문장이 아니라 한 배역씩 돌아가며 읽는 것입니다. 이를 통해 학생들은 자신이 맡은 배역뿐만 아니라 전체 내용을 파악할 수 있게 되고, 모든 배역을 한번 쯤 읽는 기회를 갖게 되어 각 배역의 캐릭터를 이해하는 데 도움이 됩니다.

연출가는 이 활동을 통해 캐스팅을 위한 기초 자료를 수집할 수 있습니다. 어떤 학생이 어떤 역할을 맡았을 때 어울리는지 눈여겨 볼 수 있기 때문입니다. 따라서 대사를 실감나게 읽는 법을 지도하는 동시에 어떤 배우가 어떤 대사를 읽을 때 가장 역할이 어울리는지 관찰하도록 합니다.

라. 캐릭터 구축하기

처음 대본을 읽을 때는 상황만 생각하며 대사를 읽기 마련입니다. 하지만 같은 상황에서도 인물의 성격과 배경에 따라 다른 어투나 느낌으로 말하므로 등장인물이 어떤 성격을 가지고 있는지 만들어 가는 과정이 필요합니다.

이때는 캐스팅이 이루어지기 전이므로 모두가 모든 역할에 대하여 함께 생각해 보는 시간을 갖도록 합니다. 등장인물에 관해 대본에 나와 있는 정보 이상의 구체적인 질문을 한다면 그 인물을 더욱 쉽게 형상화 할 수 있습니다. 예를 들어 '토끼와 거북이'와 같이 등장인물이 동물인 경우 '이 동물이 주변에서 볼 수 있는 사람이 된다면'이라는 가정을 하여 구체적인 캐릭터를 만들어 갈 수 있습니다.

1) Roll on the wall (인물 그림 그리기)

① 등장인물의 몸 윤곽선을 종이에 그린 후 벽에 붙인다.
② 등장인물과 관련된 여러 특징을 단어로 혹은 문장으로 직접 쓰거나 포스트잇에 써서 붙인다.
  • 윤곽 밖: 외적 특성 (이름, 외모, 나이 등)
  • 윤곽 안: 내적 특성 (성격, 심리상태 등)
③ 개별적 혹은 모둠별 협력하여 등장인물의 여러 가지 특징을 쓰고 의논한다.
④ 이야기 속 주인공의 캐릭터를 완성한다.

 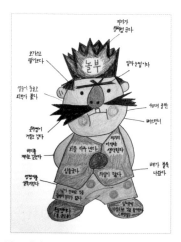

[그림 25] 인물 그림 그리기

2) 주변 인물과 연관 짓기

<표 20> 인물과 연결 짓기

일상생활, 드라마, 영화에서 비슷한 사람 찾기	나의 인물이 어떤 경험을 가지고 살았을지 구체적으로 상상해서 쓰기

3) 역할 분석표 작성하기

인물의 얼굴, 키나 버릇 등 외형적 조건, 성격이나 콤플렉스 등 심리적 조건, 가정환경 및 직업 등 사회적 조건 등을 역할에 맞게 상상하여 역할 분석표를 작성해 봅니다.

마. 캐스팅 하기

캐스팅은 학생들이 예민하게 느낄 수 있는 부분이므로 모두가 지켜보는 가운데 공개 오디션을 통해 이루어지는 것이 좋습니다. 배우의 이미지와 연기력에 따라 주연이 결정되는 경우가 대부분이지만 본인의 의지도 중요합니다. 현실적으로 끼가 많은 친구보다 시간이 많은 친구에게 주요 역할을 맡기는 것이 연극 연습과정에서 수월한 경우가 많습니다. 공연을 앞두고 추가로 연습을 해야 하는 경우, 개인적으로 바쁜 친구들과는 시간을 맞추기가 어렵기 때문입니다.

<表 21> 오디션 신청서 예시

작품 _____ 희망 역할 신청서

이 름			전화 번호		
지 원 분 야	배역	1 지망	2 지망		3 지망
	스태프	1 지망	2 지망		3 지망
지원동기					
특기사항					
준비한 대사					

▶목소리가 작은 경우: 대사가 긴 역할보다 행동을 크게 해야 하는 역할을 주어야 관객이 집중할 수 있음.

▶목소리가 너무 큰 경우: 전체적으로 나오는 역할보다 한 장면에 집중적으로 나오는 역할이 몰입을 높일 수 있음.

▶작은 역할에 대한 매력이 떨어지는 경우
극에서의 중요성을 강조하여 역할에 대한 자부심을 갖도록 하고 지속적인 관심을 보여주어야 함.

▶무대에 서는 것을 두려워하는 경우

스텝을 맡아 적절한 음향 효과나 배경음악을 찾게 하거나, 소품을 준비하고 타이밍에 맞추어 음악을 틀어주는 프로듀서 역할을 줌.

바. 대본 분석

캐스팅 전 〈대본 읽기〉 단계에서 대본의 전체적인 내용을 파악하기 위해 대본을 읽었다면, 캐스팅이 이루어진 후에는 〈대본 분석〉을 통해 각자 자신이 맡은 역할 및 전체 대본을 세밀하게 분석하게 됩니다. 철저한 대본 분석은 극에 대한 이해를 도울 뿐만 아니라, 각 배우들의 연기력을 향상시키는 데에도 도움이 됩니다.

1) 행간 읽기

극중 인물이 대사를 할 때는 그 대사를 하는 의도가 있습니다. 그 의도를 파악하여 행간에 숨겨진 의미를 찾는 것을 서브텍스트(subtext)를 찾는다고 합니다. 자신이 맡은 배역의 서브텍스트를 찾는 과정은 자신의 캐릭터를 구체화하는 과정이며, 자신의 배역이 왜 그러한 대사를 하는가를 파악하는 기본 과정입니다. 어떠한 대사를 할 때 왜, 어떤 상황에서, 어떤 감정으로 그런 말을 하는지를 알기 위해 대사 앞에 마치 지문처럼 상황이나 감정을 적어보도록 합니다. 이러한 과정을 거친다면, "이러이러한 감정으로 대사를 하라"라는 지시를 하기 전에 학생들이 스스로 감정을 찾고 그에 맞는 연기를 자연스럽게 할 수 있습니다.

2) 캐릭터 되어 보기

내가 정말로 맡은 배역이 되었다고 생각하고 인터뷰와 즉흥극을 해 보는 시간입니다. 인터뷰는 짝 활동으로, 즉흥극은 4~5명이 한 모둠이 되어 모둠활동으로 진행할 수 있습니다. 교사는 정해진 신호나 종소리 등으로 일정한 시간 동안 활동한 후 짝이나 모둠원을 바꿀 수 있도록 합니다. 이때 인터뷰의 질문이나 즉흥극의 상황은 구체적으로 제시하여 학생들이 자신의 캐릭터를 정확히 파악하는데 도움을 줄 수 있도록 하고 말투나 걸음걸이까지도 그 캐릭터가 되어 행동하도록 합니다.

〈표 22〉 장면 분석표 예시

장면 분석표

장면 1	시대와 시각	현대, 오전	분위기	일상의 바쁜 아침
	장소	집 안	템포	빠르게 진행
	감정	화가 남.	내 역할	밥 차려주기
장면 2	시각	같은 날 오후	분위기	갈등이 생겨남.
	장소	집 안	템포	감정이 드러날 수 있게 다소 천천히 진행
	감정	아침에 난 화가 안 풀림.	내 역할	딸의 버릇을 고치기
장면 3	시각		분위기	
	장소		템포	
	감정		내 역할	

3) 각 장면 분석하기

연습할 때는 각 장면별로 끊어서 연습을 합니다. 따라서 자칫하면 전체의 흐름을 파악하지 못한 채 각 장면에만 몰두하여 극의 흐름이 자연스럽지 못하고 감정이 장면별로 끊어지는 오류를 범할 수 있습니다. 각 장면별 중요 내용을 연출 노트에 기록해 두면 각각의 장면을 깊게 이해하는데 도움이 될 뿐만 아니라 전체적인 극의 흐름을 한 눈에 보는 데에도 도움이 됩니다.

사. 블로킹

블로킹이라는 말은 각 장면의 동선을 정하는 과정을 일컫는 말로, 동작선이라고도 합니다. 동작선이란 무대 분할에 따른 영역별 정서에 따른 배우의 배치가 끝나면 상황과 대사의 극적 모티브에 의해 이동하는 약속선을 의미합니다. 동작선의 설정은 주어진 무대 공간에서 등장인물의 이유 있는 움직임으로 합리적이고 필연성이 필요합니다. 학생들과 함께 인물이 등장해 있는 동안 어떻게 이동하는지를 정하는 단계입니다.

아. 런스루

실제 공연과 같이 극의 처음부터 끝까지 진행해 보는 것을 말합니다. 이때는 연출가(교사)로서 고치고 싶은 부분을 발견하더라도 진행을 끊지 않는데, 이러한 부분은 연출노트에 적어두었다가 런스루가

[그림 26] 런스루 장면

모두 끝난 후 이야기하도록 합니다. 마찬가지로 배우(학생)도 실수를 하거나 대사를 잊어버린다고 해도 실제 무대 위라고 생각하고 "잠깐만요"라는 말로 무대 밖 상황으로 벗어나지 않도록 합니다. 맡은 캐릭터로서 최대한 자연스럽게 다음 장면으로 넘어가는 연습도 일어나야 하는 단계입니다.

런스루는 모든 장면의 연습이 완성된 후 하는 것보다 아직 각 장면에 부족한 점이 있더라도 연습시간의 반 정도가 지났을 때부터 해야 공연 준비에 조급함을 덜 수 있습니다. 예를 들어 내게 주어진 시간이 30차시라면 16차시부터는 런스루에 들어가는 것이 좋습니다. 또한, 이 단계는 연출가가 각 장면에서 생각하고 있던 음악, 음향, 조명효과를 실제로 적용해 보는 단계입니다. 블로킹 단계에서 그렸던 동선 긋기 활동지 위에 음악, 음향, 조명 효과를 나타내어 장면을 더욱 구체화시키도록 합니다.

자. 리허설

리허설은 실제 공연이라고 생각하고 모든 준비를 마친 상태에서 진행하는 마지막 연습입니다. 리허설은 크게 스테이지 리허설(무대 위 배우 동선 및 소품의 이동), 테크니컬 리허설(스테이지 리허설 + 음악, 음향, 조명), 드레스 리허설(테크니컬 리허설 + 의상, 헤어 분장)로 나누는데, 최종리허설은 이 세 가지 리허설을 모두 마친 상태에서 시연회처럼 이루어지기도 합니다.

차. 공연

공연은 관객의 호흡으로 인해 살아 움직이는 생물과 같습니다. 관객의 반응에 따라 공연은 크게 달라질 수 있으며, 예상치 못했던 일로 공연에 지장을 주는 일도 종종 발생합니다. 하지만 학교 공연은 그 과정 자체가 중요한 만큼, 결과에 너무 연연하기보다는 함께 무대를 만들었다는 것에 큰 무게를 두어야 합니다.

1) 공연 전

공연 전 배우는 극도로 긴장을 하기 때문에 긴장을 풀어주고 자신의 대사를 천천히 다시 읊어보며 마음을 가라앉히도록 합니다. 때로는 지나친 긴장으로 인해 연습 때와 달리 대사를 무척 빠르게 한다거나, 여유 없이 다른 장면으로 넘어가는 경우도 있으므로 이런 점을 미리 알려주어 사고를 미연에 방지하도록 합니다.

2) 공연 후

공연이 끝난 후 허탈함과 공허함이 어린 배우들에겐 크게 느껴질 수 있으므로 함께 무대를 철거하며 칭찬과 격려의 말로 위로해 줍니다. 공연에 대한 만족도 조사나 평가도 이때 이루어지므로 공연 후 함께 모여 대화하는 시간을 마련해 둡니다. 공연의 과정에서 어떤 실수가 있었는지를 따지기보다 열심히 노력하고 공연을 함께했던 서로를 칭찬하고, 함께 했던 시간이 즐거웠던 기억으로 남을 수 있도록 합니다.

5장
동시집과 함께하는 읽기 수업 1

1. 내가 생각한 수업은

3, 4학년 국어과 독서 단원 수업에서 아이들과 동시집을 긴 흐름으로 읽고 싶었습니다. 시집도 그림책이나 동화책만큼 재미있다는 것을 알게 해 주고 싶었기 때문입니다. 수업 들어가면서 처음부터 한 권의 시집을 정해 읽기보다는 도서관에 있는 다양한 시집을 접하도록 하여 시집에 대한 흥미를 불러일으키고자 하였습니다. 시집으로 수업을 할 때 놀이 요소를 더하여 시집과 친해지도록 한 다음, 3, 4학년 아이들이 읽기 좋은 한 권의 시집을 정하여 긴 흐름으로 읽는 수업을 진행했습니다.

아이들이 좋아할 만한 시집을 고르는 것이 무엇보다 중요하다고 여겨서 다양한 시집을 구해 보았습니다. 시인들이 쓴 동시집『거인들이 사는 나라』,『고양이와 통한 날』,『아! 깜짝 놀라는 소리』,『팝콘 교실』, 『어이없는 놈』, 『별에 다녀오겠습니다』, 『커다란 빵 생각』
과 어린이들이 쓴 시를 골라 묶은 어린이 시 선집을 여러 권 살펴보
면서 3학년은 『팝콘교실』, 4학년은 『거인들이 사는 나라』를 한 학기
한 권 읽기 시간에 함께 읽기로 하였습니다. 『팝콘교실』은 학교 도
서관에 구입을 요청하여 한 반 분량을 준비하였고, 『거인들이 사는
나라』는 대구학교도서관집중지원센터 책꾸러미 도서에서 대출하여
구할 수 있었습니다.

[그림 1] 수업에 활용하기 좋은 동시집

[그림 2] 수업에 활용하기 좋은 어린이 시 선집

2. 이 시집이 좋은 까닭

가. 팝콘교실

『팝콘교실』은 초등학교 교사인 문현식 시인이 쓴 동시집입니다. 시인은 교실 속 아이들의 생활과 마음을 정확하게 포착하여 재미있는 시를 선보입니다. 노란색 바탕에 팝콘들이 이리저리 뛰고 있는 책 표지에서도 말해주듯이 이 책은 아이들의 활기찬 모습을 경쾌하고 익살스럽게 담아냈습니다. 학교와 교실이라는 공간에서 갑갑해서 하고 움츠려있는 아이들의 내면을 사실적으로 잘 그려냈습니다. 아이들이 쉽게 공감할 수 있으며 시를 읽는 즐거움을 선물하기 좋은 책입니다.

나. 거인들이 사는 나라

『거인들이 사는 나라』는 신형건 시인의 첫 동시집으로, 교과서에도 여러 편의 시가 수록되는 등 오랫동안 많은 사랑을 받아온 책입니다. 이 책은 어른들에게 주눅 들어 사는 아이들에게는 유쾌함을, 아이들의 눈높이를 잊어버린 어른들에게는 찔림을 주는 책입니다. 거인들이 사는 나라에서는 어른들도 어린이와 같은 왜소한 존재가 되지요. 그런 체험을 통해 어른들은 자신을 반성적으로 돌아보게 되고, 아이들은 그 모습에 카타르시스를 느끼며 재미있게 읽을 수 있는 동시집입니다.

3. 3학년 2학기 독서 단원 수업의 실제

〈표 1〉 『팝콘교실』 읽기 수업 설계(3학년 2학기)

단원명	(독서 단원) 책을 읽고 생각을 나누어요
단원 성취 기준	문학(5) 재미나 감동을 느끼며 작품을 즐겨 감상하는 태도를 지닌다. 읽기(5) 읽기 경험과 느낌을 다른 사람과 나누는 태도를 지닌다.
단원 학습 목표	책을 끝까지 읽고 생각이나 느낌을 말할 수 있다.

차시	학습주제		활동내용
1	시집에 관심 가지기 함께 읽을 책 알기		– 시집 중에서 자신을 가장 잘 표현하는 것을 골라 자기 소개하기(숫자, 색깔, 낱말 등) – 고른 시집에서 마음에 드는 시 하나 선택하여 짝에게 읽어주며 생각과 느낌 나누기 – 함께 읽을 시집 표지 관찰하여 제목과 내용 예측하기 – '팝콘교실' 이름에 어울리는 그림글자 만들기 또는 책 표지 관찰하여 그리기 – 만든 그림글자의 의미 소개하기 – 작가 소개 및 공부 방법 안내
2 ~ 3	'1부 이상하게 좋은 애' 읽고 생각이나 경험 나누기	읽기 전	– '이상하게 좋은 애' 하면 생각나는 사람에 관해 이야기 나누기 – 1부 차례에서 제일 인상적이거나 재미있을 것 같은 시 제목 고르기
		읽기 중	– 각자 읽고 마음에 드는 동시에 표시하기 – 함께 읽기 (그 시를 선택한 친구들과 나누어 읽고, 선택한 이유 말하기) – 재미나 감동, 비슷한 경험 나누기
		읽기 후	– 함께 읽기를 한 후 가장 마음에 드는 동시를 선택하여 필사하기 – 시 제목으로 삼행시 짓기 – 성찰 글쓰기(매 차시 같음)

4 ~ 5	'2부 동그란 아침' 읽고 생각이나 느낌 나누기	읽기 전	- 문장 완성하여 말하기(나의 오늘 아침은 ~)
			꾸미는 말 넣어 말하기(~ 한 아침)
		읽기 중	- 각자 읽고 가장 마음에 드는 동시에 표시하기
			- 자신이 좋아하는 함께 선택한 친구들과 나누어 읽고, 선택한 이유 말하기
		읽기 후	- 그림 퀴즈 놀이(맘에 드는 동시 선택 후 그림 그려서 다른 친구들이 제목 알아맞히기)
6 ~ 7	'3부 비밀번호' 읽고 생각이나 느낌 나누기	읽기 전	- '비밀번호' 하면 떠오르는 낱말 발표하기
			- 비밀번호와 관련된 경험 말하기
		읽기 중	- 각자 읽고 가장 맘에 드는 동시에 표시하기
			- 자신이 좋아하는 함께 선택한 친구들과 나누어 읽고, 선택한 이유 말하기
		읽기 후	- 시 바꿔 쓰기(같은 제목 다른 동시 쓰고 발표하기, 시의 일부분 바꾸어 쓰기)
8 ~ 9	'4부 첫눈 오는 날' 읽고 생각이나 느낌 나누기	읽기 전	- 작년 첫눈 오는 날 했던 일 발표하기
			- 문장 완성하여 말하기(나는 첫눈 오는 날에 ~)
		읽기 중	- 각자 읽고 가장 맘에 드는 동시에 표시하기
			- 자신이 좋아하는 함께 선택한 친구들과 나누어 읽고, 선택한 이유 말하기
		읽기 후	- 몸으로 말해요 놀이하기 (몸동작으로 표현하는 것을 보며 제목을 상의해서 알아맞히기)
10 ~ 11	독후 활동하기		- 『팝콘교실』 최고의 시 뽑기
			- 선택 활동하기(시 그림책, 시 엽서, 시 책갈피 꾸미기)
			- 활동지 모아 나의 시집 만들기
			- 돌려가며 보고 칭찬하기
			- 전시회 열기

가. 독서 준비 활동

(1) 시집과 친해지기

학교 도서관에서 다양한 시집을 50권 정도 대출해서 교실 옆쪽과 뒤쪽에 제목이 보이도록 놓아둡니다. 시집을 둘러보면서 자신을 가장 잘 표현하는 것을 고르도록 합니다. 무슨 말인지 의아해하는 학생들이 있으면, 색깔이나 낱말, 표지 그림 등 어떤 것이든 자신을 표현하는 것이 있으면 고르면 된다고 설명해 줍니다. 둥글게 모여 앉은 상태에서 자신이 가지고 온 시집을 들어 보이며 자신을 어떻게 표현하고 있는 것인지 돌아가며 말합니다. 아이들은 기발한 방법으로 시집과 자신을 연결하여 설명하는데 그 창의적인 생각에 저절로 손뼉을 치게 됩니다. 이 활동은 짝을 가장 잘 나타내는 시집이나 우리 교실을 가장 잘 나타내는 시집 등으로 바꾸어 진행할 수도 있습니다.

[그림 3] 나를 잘 표현하는 시집 소개하기

(2) 마음에 드는 시 선택하여 짝에게 읽어주기

자신을 가장 잘 표현하는 시집 소개가 끝나면 그 시집을 조용히 읽으며 마음에 드는 시를 한 편 고르도록 합니다. 이때 작품에 몰입할 수 있도록 분위기에 어울리는 음악을 틀어 주면 좋습니다. 처음부터 한 편의 시를 고르라고 하면 어려워하는 아이들이 있습니다. 포스트잇 플래그를 세 장씩 나누어주고 마음에 드는 시가 나올 때마다 붙이도록 한 다음, 포스트잇을 붙인 시 중에서 가장 마음에 드는 시를 고르게 하면 좋습니다. 고른 시를 짝에게 읽어주고 마음에 드는 까닭이나 느낌을 서로 나누도록 합니다.

[그림 4] 마음에 드는 시 읽어주기

(3) 동시집 표지 관찰하여 제목과 내용 예상하기

긴 흐름으로 함께 읽을 동시집『팝콘교실』을 제목 글자를 가린 채 보여 줍니다. 책 표지에 그려진 그림을 보고 제목을 예상하도록 합니다. 떠오르는 생각을 마음껏 발표할 수 있도록 하되, 책 표지를 잘 관찰하여 제목을 생각하도록 이야기해줍니다. 팝콘과 책상 그림이 있어서 그런지 학생들은 어렵지 않게 제목을 맞힙니다.

제목을 맞히면 표지를 관찰하여 어떤 내용일지 예상하여 발표하도록 합니다. 익살스러운 표정의 팝콘 그림을 보며 아이들이 상상해서 말하는 이야기는 무척 흥미롭습니다. 표지 그림을 보고 작가의 직업이 무엇일지 예상해서 말해 보는 것도 좋은 활동이 됩니다.

(4) 책 표지 관찰하여 그리기

동시집 제목에 담긴 의미와 책 내용에 대해 깊이 생각할 수 있도록 돕고자 책 표지 관찰하여 그리기를 해 보았습니다. 책 표지를 관찰하여 그려보면 그냥 볼 때와는 다르게 팝콘들의 표정이나 책상들을 더 잘 보게 되지요. 이 과정은 책 내용에 대한 관찰하기와 예측하기를 심화하는 활동이라고 볼 수 있겠습니다. 아이 중에는 관찰하여 그리는 것보다 자신이 새롭게 표지 그림을 디자인하는 것을 선호하는 아이들이 있습니다. 그럴 경우는 자유롭게 하도록 해 줍니다. 혹시 시간이 부족할 경우는 제목으로 그림글자 만드는 활동을 해도 좋습니다.

이 활동을 할 때 주의할 점은 표지를 그리는 동안 시집 안의 내용을 읽지 않도록 하는 것입니다. "이 책 넘겨서 봐도 돼요?", "선생님, 빨리 읽고 싶어요."라는 말이 아이들의 입에서 나올 때까지 기다리는 것이지요. 호기심이 가득 찼을 때 시를 읽으면 훨씬 집중해서 읽는답니다.

[그림 5] 책 표지 관찰하여 그리기

나. 독서 중 활동

(1) 1부 '이상하게 좋은 애'

■ 읽기 전 활동
• '이상하게 좋은 애'를 주제로 생각 나누기

> 이상하게 좋은 애는 (   ) 아이입니다.

• '1부 차례' 읽고 가장 재미있을 것 같은 제목 골라 이야기하기

> 1부 차례를 보면서 시 제목을 함께 읽어 봅시다.
> 가장 재미있을 것 같은 시는 어떤 것인가요?
> 왜 그렇게 생각했나요?

• 자신이 고른 시가 어떤 내용일지 예상해보기

■ 읽기 중 활동
• 각자 1부를 읽고 마음에 드는 시 2~3편 골라 표시하기
• 1부의 시 함께 읽기
  - 처음에 나오는 시부터 차례대로 시를 읽는데, 그 시를 고른 학생들이 소리를 내어 시를 읽습니다. 이렇게 자신이 고른 시를 소리 내서 읽도록 하면 시를 고를 때 좀 더 신중하게 읽고 고르게 됩니다.
• 시에 대한 생각이나 느낌 나누기
  - 시를 고른 학생들이 왜 그 시를 골랐는지 까닭을 먼저 이야기하고, 시를 고르지 않은 다른 학생들도 그 시에 대한 자신들의 생각이나 느낌, 비슷한 경험을 자유롭게 이야기합니다.

■ 읽기 후 활동

• 마음에 드는 시 골라 시화 꾸미기

 - 1부에서 가장 마음에 드는 시를 한 편 골라 필사를 합니다. 시 내용에 어울리는 그림을 그려 시화를 꾸며 보도록 합니다. 이렇게 꾸민 시화로 자유롭게 짝을 만나 서로 감상하는 시간을 가집니다. 활동이 끝나면 교실 한쪽에 시화 전시회장을 꾸밉니다. 붙임쪽지를 준비해 두어 학생들이 친구들의 작품을 감상한 다음 감상평이나 칭찬의 글을 써서 작품에 붙이도록 하면 좋습니다.

 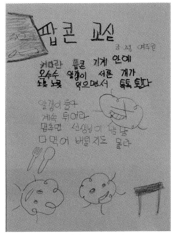

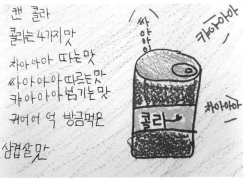

[그림 6] 1부에서 마음에 드는 시로 시화 꾸미기

• 시 제목으로 삼행시 짓기

※ 시 제목으로 시 짓는 방법

1. 읽은 동시 중에서 가장 마음에 드는 시 제목을 고른다.
2. 시 제목 글자 수에 맞게 이행시, 삼행시, 오행시를 짓는다.
3. 시를 읽은 생각이나 느낌이 들어가도록 시를 짓는다.
4. 학급 친구들이 시 제목으로 운을 띄우고, 시를 쓴 학생은 자신이 쓴 시를 읊는다.

– 간혹 학생들은 시의 내용과 전혀 상관없이 그저 재미만 생각하여 시를 짓기도 합니다. 이때, 시와 관련되는 내용이나 시를 감상한 생각이나 느낌을 넣어 시를 짓도록 강조해 주어야 합니다.

욕심

네 마음 속에
풍선이 하나 들어 있지.
네가 불어 주지 않아도
저절로 커지는 풍선.
갖고 싶은 것이 늘어날 때마다
조금씩 조금씩
소리 없이 커지는 풍선.
얼마나 큰지 그 누구도
잘 알 수 없지만
그 풍선은 너무 작아도 밉고
너무 커져도 좋지 않아.
그래, 그래.
네가 가지고 노는 풍선 말큼
꼭 그만큼이면 가장
보기 좋단다. 꼭 그 만큼이면.

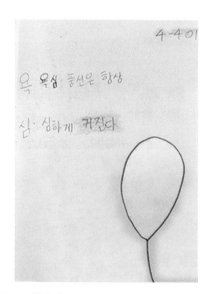

[그림 7] 시 제목으로 이행시 짓기

• 성찰 글쓰기

- '1부 이상하게 좋은 애'의 읽기 전, 중, 후 활동을 다 한 다음 에는 시를 읽은 느낌이나 감동을 표현하고 마음에 다지는 활 동으로 성찰 글쓰기를 합니다. 글쓰기라 해서 거창하게 많은 분량을 쓰는 것이 아니라 수업을 하면서 배운 것, 느낀 것 등 을 한두 문장으로 부담 없이 쓰도록 합니다. 양이 중요한 것이 아니라 솔직한 마음이 드러나면 된다고 이야기해줍니다.

- 성찰 글을 다 쓴 학생들은 자발적으로 자기 자리에서 일어나 쓴 글을 발표합니다. 짧은 글이지만 아이들의 진솔한 마음이 고스란히 담겨 있습니다. 이렇게 성찰 글을 통해 시 수업의 감 동을 오래 간직하게 합니다.

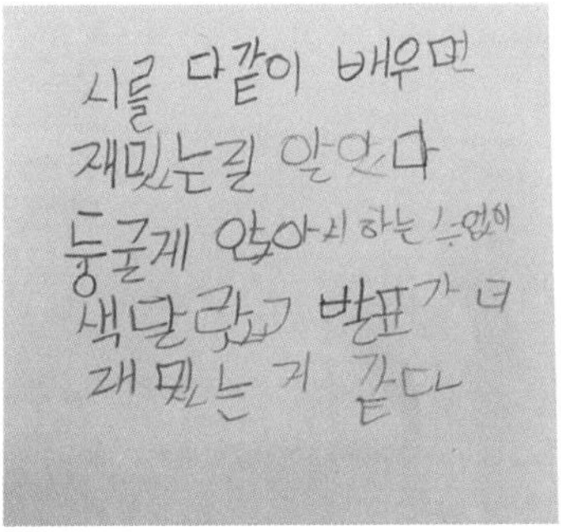

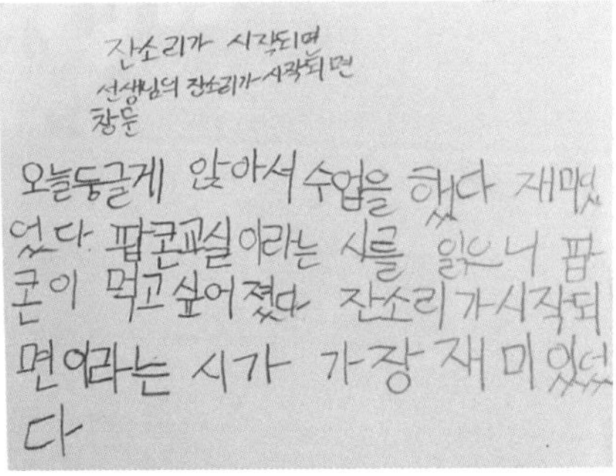

하늘 옥상이라는 시가 참 마음에 들었다. 나도 6학년 이 되어 졸업하기 전에 꼭 옥상에 가 보고 싶다.

모두가 동그랗게 앉아서 공부하니 재미있었고, '팝 콘교실'이라는 시가 인상적 이었다.

[그림 8] 성찰 글쓰기

2) 2부 '동그란 아침'

■ 읽기 전 활동
• 문장 완성하여 말하기

　　　　　나의 오늘 아침은 (　　　　　　　　　　　　).

• 꾸미는 말 넣어 말하기

　　　　　　　(　　　　　　　　　　) 아침

• '동그란 아침'이란 어떤 아침을 말하는 것일지 생각 나누기

■ 읽기 중 활동
• 각자 읽고 마음에 드는 시 2~3편 골라 표시하기
• 모둠 친구들과 시 함께 읽기
  – 모둠 친구들이 다양한 방법으로 시를 함께 읽습니다. 한 행
    씩 돌아가며 읽기, 한 연씩 돌아가며 읽기, 번갈아 가며 읽
    기, 함께 읽기, 몸짓으로 표현하며 읽기, 점점 크게 읽기, 점
    점 작게 읽기, 첫음절 함께 읽기, 마지막 행 함께 읽기 등 창
    의적인 방법으로 다양하게 읽을 수 있도록 지도합니다.
• 시에 대한 생각이나 느낌 나누기
  – 시를 고른 학생들이 그 시를 고른 까닭을 먼저 이야기하고,
    다른 학생들도 자신들의 생각이나 느낌, 비슷한 경험을 이야
    기합니다.

■ 읽기 후 활동
• 그림 퀴즈 놀이하기

1. 읽은 동시 중에서 그림으로 표현하고 싶은 동시를 고른다.
2. A5용지에 특징을 살려 그림으로 간략하게 표현한다.
3. 실물화상기로 자신의 그림을 보여 주며 퀴즈를 낸다.
4. 앉아있는 학생들은 그림을 보고 떠오르는 동시 제목을 골든벨 판에 쓴다.
5. 친구들이 제목을 골든벨 판에 써서 들면 문제에 대한 정답을 말한다.
6. 답을 맞힌 친구들은 점수를 1점씩 얻는다.

이 활동은 동시를 읽은 후 내용을 어느 정도 이해했는지를 확인할 수 있는 놀이입니다. 표현된 그림을 보면서 제목을 맞히기 위해 아이들은 시를 다시 꼼꼼히 읽게 됩니다.

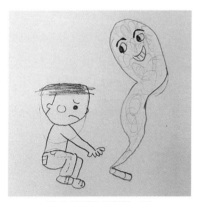 

'담배 연기'를 표현한 그림   '야광별'을 표현한 그림

[그림 9] 그림 퀴즈 놀이

3) 3부 '비밀번호'

■ 읽기 전 활동
• '비밀번호'라는 말을 들으면 떠오르는 것 말하기
• '비밀번호'와 관련된 경험 말하기
　– 생활 속에서 어떨 때 비밀번호를 사용하나요? 비밀번호와
　　관련된 경험을 말해 봅시다.
• 3부 차례를 펴서 시 제목 읽기

– 시 제목 중에서 가장 인상적
　이거나 재미있을 것 같은 제
　목을 골라봅시다.
– 자신이 고른 시 제목과 그 제
　목을 고른 이유를 발표해 봅
　시다.
– 자신이 고른 제목의 시가 어
　떤 내용일지 예상하여 말해
　봅시다.

[그림 10] 3부 '비밀번호'에 나오는 시 제목으로 활동하기

■ 읽기 중 활동
• 각자 읽고 마음에 드는 시 2~3편 골라 표시하기
• 3부의 시 함께 읽기

- 그 시를 고른 학생들이 분량을 나눠 시를 읽습니다. 이렇게 자신이 고른 시를 소리 내서 읽도록 하면 시를 읽을 때 좀 더 신중하게 읽고 고르게 됩니다.
- 시에 대한 생각이나 경험 나누기, 질문하기
  - 시를 고른 학생들이 그 시를 고른 까닭을 먼저 이야기합니다. 다른 학생들은 그 생각이나 경험에 대해 궁금한 것을 질문합니다. 이렇게 서로의 생각이나 경험을 묻고 답하는 시간을 아이들은 무척 좋아합니다.

■ 읽기 후 활동
- 시 바꿔 쓰기

※ 시 바꿔 쓰기 방법

1. 시를 바꿔 쓰는 다양한 방법을 예를 들어 설명한다.
   - 같은 제목으로 다른 내용의 시 쓰기
   - 시의 낱말이나 구절 바꿔 쓰기
   - 흉내 내는 말이나 감각적 표현 바꿔 쓰기
   - 시에서 한 연을 바꿔 쓰기
   - 제목과 시 내용 모두 바꿔 쓰기
2. 마음에 드는 방법을 골라 시를 바꿔 쓴다. 여러 가지 방법을 섞어서 해도 좋다.

아이들이 자유롭게 시를 바꿔 쓸 수 있도록 허용적인 수업 분위기를 조성합니다. 시를 쓸 때 잔잔한 음악을 들려주면 더욱 좋습니다. 아이들의 재치 넘치는 시들을 많이 만날 수 있습니다.

캔 콜라

콜라는
네 가지 맛

차아아아
따는 맛

싸아아아
따르는 맛

캬아아아
넘기는 맛

커어어억
방금 먹은 삼겹살 맛

시 '캔 콜라'를 바꾸어 쓴 시

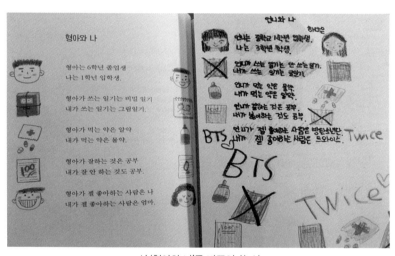

시 '형아와 나'를 바꾸어 쓴 시

[그림 11] 시 바꾸어 쓰기

4) 4부 '첫눈 오는 날'

■ 읽기 전 활동
• 다섯 고개 놀이하기

> 나는 누구일까요? 나를 기다리는 사람이 많습니다.
> 나는 겨울에 볼 수 있습니다. 나는 아주 가볍습니다.
> 나는 흰색입니다. 나는 손에 닿으면 사르륵 녹습니다.

• '눈' 하면 떠오르는 낱말 돌아가며 말하기
• 문장 완성하여 말하기

> 나는 첫눈 오는 날에 (   ).

■ 읽기 중 활동
• 각자 읽고 마음에 드는 시 2~3편 골라 표시하기
• 모둠 친구들과 시 함께 읽기
 – 모둠 친구들이 다양한 방법으로 시를 함께 읽습니다. 한 행씩 돌아가며 읽기, 한 연씩 돌아가며 읽기, 번갈아 가며 읽기, 함께 읽기, 몸짓으로 표현하며 읽기, 점점 크게 읽기, 점점 작게 읽기, 맨 첫음절 함께 읽기, 마지막 행 함께 읽기 등 창의적인 방법으로 다양하게 읽을 수 있도록 지도합니다.
• 시에 대한 생각이나 느낌 나누기
 – 시를 고른 학생들이 그 시를 고른 까닭을 먼저 이야기하고, 다른 학생들도 자신들의 생각이나 느낌, 비슷한 경험을 이야기합니다.

■ 읽기 후 활동

• 몸으로 말해요

※ '몸으로 말해요' 놀이 방법

1. 몸으로 표현하기 알맞은 시를 골라 쪽지에 제목을 적고, 두 번 접어 뽑기 통에 넣는다.
2. 모둠 대표가 한 명씩 나와서 쪽지를 뽑는다.
3. 뽑은 시를 몸으로 어떻게 표현할지 모둠 친구들과 의논한다.
4. 한 모둠씩 시를 몸으로 표현하면 다른 모둠 친구들은 시 제목을 추측하여 모둠 칠판에 적는다.
5. 맞힌 모둠은 점수를 1점씩 획득한다.

[그림 12] 몸으로 말해요 놀이 장면

시를 읽은 후 내용을 어느 정도 이해했는지를 확인할 수 있는 놀이입니다. 다른 모둠 친구들이 몸으로 표현하는 것을 보고 제목을 맞히기 위해 대충 읽었던 시집을 다시 펼치며 열심히 머리를 굴리게 되지요. 정답을 맞히기 위해 모둠 친구들과 머리를 맞대고 고심하며 협력하는 모습이 참 보기 좋습니다. 시에 대한 이해를 높이고 재미있게 읽도록 하는 활동입니다.

아이들은 자기 모둠이 뽑은 제목을 몸으로 표현하기 위해 시를 여러 차례 정독하게 됩니다. 또 중요한 내용을 표현하기 위해 서로 의견을 주고받는 동안 감상을 자연스럽게 나누게 되는 장점도 있습니다. 생동감이 넘치는 시간으로, 아이들이 정말 좋아하는 활동입니다.

다. 독서 후 활동

1) 『팝콘 교실』 최고의 시 뽑기

한 권의 시집을 긴 흐름으로 끝까지 읽어 보았습니다. 4부에 걸쳐 읽은 동시 중에서 자신이 생각할 때 최고의 시라고 생각하는 시를 붙임쪽지에 이유와 함께 적습니다. 붙임쪽지에 쓴 내용을 발표한 후 칠판에 붙입니다. 같은 시가 나오면 그 아래에 붙여서 어느 시가 가장 많은 선택을 받았는지 한눈에 확인하기 좋게 합니다.

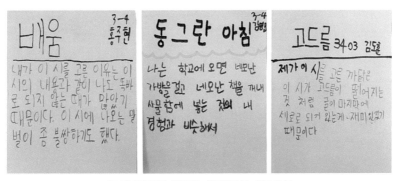

[그림 13] 내가 생각하는 『팝콘교실』 최고의 시

[그림 14] 『팝콘교실』 최고의 시 뽑기

2) 시 그림책 만들기

『팝콘교실』 전체에서 가장 마음에 드는 동시를 하나 고릅니다. A3 용지로 여덟 면이 나오는 책을 만들거나, 손바닥만 한 종이로 여러 장의 책을 만듭니다. 시의 행이나 연을 여러 쪽에 나누어 쓰고 어울리는 그림을 그려 넣습니다.

이 활동을 하기 전에 『달팽이 학교』, 『대추 한 알』, 『첫 번째 질문』 같은 시 그림책을 보여 주면 아이들이 시 그림책이 어떤 것인지 쉽게 이해할 수 있습니다. 글과 그림을 어떻게 배치하는지, 책의 앞, 뒷면을 어떻게 구성하는지 등을 보면서 배우게 되지요. 이 활동을 통해 아이들이 고른 한 편의 시가 특별한 의미로 오래도록 마음에 머물기를 기대해 보았습니다.

[그림 15] 시 그림책 예시자료

앞표지

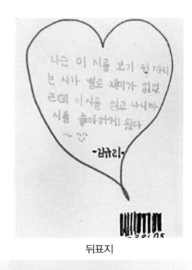

뒤표지

입은 조금만 벌리고
말은 바르게
소리는 점점 작게
숨은 쉬지 않고
생각나는 대로 말하면 돼.

자. 시작!

칠일은 칠 칠이 십사
칠삼 이십일 칠사 칠오
칠고 칠육 칠육에 칠칠은
모르구 칠팔은 몰라 칠구도
오구삼.

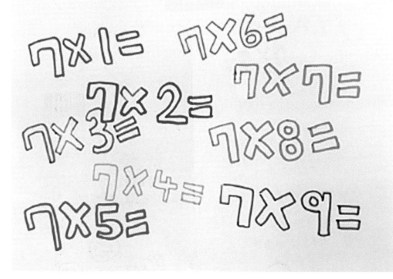

시 '구구단 시험'으로 시 그림책 만들기

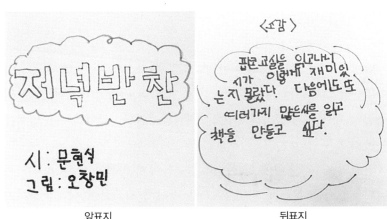

앞표지   뒤표지

시 '저녁 반찬'으로 시 그림책 만들기

[그림 16] 학생이 만든 시 그림책

3) 시 엽서 쓰기

엽서 크기의 종이를 준비합니다. 앞면에 시를 써서 엽서를 꾸밉니다. 마음에 드는 시를 한 편 다 옮겨 적어도 좋고 마음에 드는 시구절만 적어도 좋습니다. 누름 꽃이나 색연필, 사인펜으로 엽서를 어울리게 꾸밉니다.

엽서의 다른 한 면에 가족이나 친구들에게 마음을 담은 편지를 씁니다. 엽서를 봉투에 담고 주소를 써서 전하도록 합니다. 교사가 모아서 우편으로 보내는 것도 좋습니다. 시 엽서를 쓰면서 학생들은 편지를 쓸 대상과 시를 연결 짓는 종합적 사고를 하게 됩니다.

가족이나 친구 대신 자기 자신에게 엽서를 쓰는 활동도 해 볼 만합니다. 시 학습을 마친 후 배우거나 느낀 점, 성장한 점을 써도 좋고, 자신을 격려하는 글을 써도 좋습니다. 이렇게 쓴 엽서를 학기 말이나 학년 말에 아이들이 받아 볼 수 있도록 우편으로 부치면 아주 의미 있는 활동이 될 것입니다.

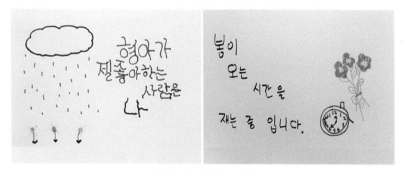

[그림 17] 시 엽서 꾸미기

4) 시 책갈피 만들기

 두꺼운 종이를 책갈피 모양으로 잘라 『팝콘교실』에서 가장 마음
에 드는 시의 구절을 적습니다. 글 내용에 어울리도록 색연필이나
압화로 책갈피를 꾸밉니다. 윗부분에 펀치를 이용해 구멍을 뚫고
색실이나 리본을 맵니다. 이렇게 만든 책갈피를 사용하면서 시의
구절을 늘 기억하도록 합니다. 책갈피에 자신의 이름을 써도 좋습
니다.

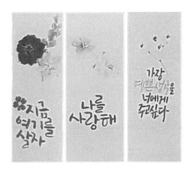

[그림 18] 시 책갈피 만들기

4. 4학년 1학기 독서 단원 수업의 실제

<표 2> 『거인들이 사는 나라』 읽기 수업 설계(4학년 1학기)

단원명	(독서 단원) 책을 읽고 생각을 나누어요
단원 성취 기준	문학(5) 재미나 감동을 느끼며 작품을 즐겨 감상하는 태도를 지닌다. 쓰기(5) 쓰기에 자신감을 갖고 자신의 글을 적극적으로 나누는 태도를 지닌다.
단원 학습 목표	책을 꼼꼼히 읽고 중요한 내용이나 인물에 대해 말할 수 있다.

차시	학습주제		활동내용
1	시집에 관심 가지기 함께 읽을 책 알기		– 시집 중에서 자신을 가장 잘 표현하는 것을 골라 자기 소개하기(숫자, 색깔, 낱말 등) – 마음에 드는 시 선택하여 짝에게 읽어주며 생각과 느낌 나누기 – 표지 관찰하여 시 제목과 내용 예측하기 – '거인들이 사는 나라' 이름에 어울리는 그림글자 만들기 또는 제목에 어울리는 표지 그리기 – 그림글자나 표지의 의미 소개하기 – 작가 소개 및 공부 방법 안내
2 ~ 3	'1부 거인들이 사는 나라' 읽고 생각이나 경험 나누기	읽기 전	– 1부 '거인들이 사는 나라' 차례에서 제일 인상적이거나 재미있을 것 같은 시 제목 고르기 – 제목과 관련되는 경험 나누기
		읽기 중	– 각자 읽고 마음에 드는 동시에 표시하기 – 함께 읽기 (시를 선택한 친구들과 나누어 읽고, 선택한 이유 말하기) – 재미나 감동, 비슷한 경험 나누기
		읽기 후	– 가장 마음에 드는 동시 선택하여 생각이나 느낌을 다양하게 표현하기(그림, 노래, 만화 등)

		읽기 전	– 물음표 또는 느낌표가 들어가는 문장 만들기
4 ~ 5	'2부 물음표가 있는 이야기' 읽고 생각이나 느낌 나누기	읽기 중	– 각자 읽고 가장 맘에 드는 동시에 표시하기 – 자신이 좋아하는 함께 선택한 친구들과 나누어 읽고, 선택한 이유 말하기
		읽기 후	– 몸으로 말해요.(다른 모둠의 몸동작을 보며 시 제목을 알아맞히기) – 생각이나 느낌을 그림카드로 표현하기
6 ~ 7	'3부 가랑잎의 몸무게' 읽고 생각이나 느낌 나누기	읽기 전	– 식물 잎을 표현하는 낱말 찾기(새싹, 떡잎, 나뭇잎, 단풍잎 ……) – 제목의 의미에 대해 생각하기
		읽기 중	– 각자 읽고 가장 마음에 드는 동시에 표시하기 – 자신이 선택한 시 읽고, 선택한 이유 말하기
		읽기 후	– 같은 제목으로 다른 동시 쓰고 발표하기
8 ~ 9	'4부 아버지의 들' 읽고 생각이나 느낌 나누기	읽기 전	– '아버지'를 생각하면 떠오르는 것들 발표하기 – 어려운 낱말과 사진 연결 퀴즈 놀이
		읽기 중	– 각자 읽고 가장 맘에 드는 동시에 표시하기 – 자신이 좋아하는 함께 선택한 친구들과 나누어 읽고, 선택한 이유 말하기
		읽기 후	– 그림 퀴즈 놀이(마음에 드는 동시 선택 후 그림 그려서 다른 친구들이 제목 알아맞히기)
10 ~ 11	선택 독후 활동하기 시집 만들기		– 『거인들이 사는 나라』 최고의 시 뽑기 – 선택 활동하기(시 그림책, 시 엽서, 시 책갈피 꾸미기 등) – 활동지 모아 나의 시집 만들기 – 작품 전시회 하며 활동 반성하기

가. 독서 준비 활동

(1) 동시집 제목으로 그림글자 꾸미기

동시집 제목으로 그림글자 꾸미기는 많은 시간을 들이지 않고 할수 있으며 동시집에 관한 관심과 흥미를 유발할 수 있는 활동입니다. '거인들이 사는 나라'라는 그림글자를 만들면서 아이들은 자신도 모르는 사이에 동시집의 내용을 예상하며 재미있게 활동하게 됩니다. 이 활동은 읽기 전 활동의 중점이 되는 관찰하기와 예측하기를 효과적으로 하게 합니다. (이 장에서는 앞에서 소개한『팝콘교실』수업과 겹치는 내용이 많아 새로운 활동 중심으로 소개합니다. 자세한 내용은 앞 장에 나온 3학년『팝콘교실』수업을 참고하세요.)

[그림 19] 동시집 제목으로 그림글자 꾸미기

(2) 동시집 표지 꾸미기

동시집 제목에 담긴 의미와 책 내용에 대해 깊이 생각할 수 있도록 동시집 표지 꾸미기를 해 보았습니다. 먼저 '거인들이 사는 나라'라는 책 제목으로 아이들의 생각을 충분히 나눕니다. 그런 다음,

책 표지를 자세히 관찰하여 이야기를 나눕니다. 동시집 제목에 대한 생각이 무르익었을 때 동시집 제목으로 책 표지를 꾸미도록 합니다. 이 과정은 책 내용에 대한 예측하기를 심화하는 활동이라고 볼 수 있겠습니다. 힘들어하는 아이들이 있다면 책 표지를 그대로 관찰하여 그리도록 하는 것도 좋습니다.

[그림 20] 동시집 표지 꾸미기

나. 독서 중 활동

(1) 시 읽고 만화로 표현하기

시를 읽고 마음에 드는 시를 한 편 골라 생각이나 느낌을 나눈 다음, 그 시를 다양한 방법으로 표현하는 시간을 가집니다. 그림, 노래, 생각 그물, 제목 삼행시, 만화 등 아이들이 좋아하는 방법으로 자유롭게 표현하도록 하는 것이 좋습니다. 많은 방법 중에서 시의 내용이나 느낌을 만화로 표현하는 학생들이 많았습니다. 시를 이해하고 생각이나 느낌을 표현하는 활동에 적극적으로 참여하는 학생들을 보게 됩니다.

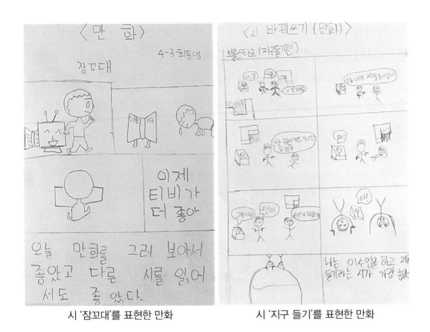

시 '잠꼬대'를 표현한 만화   시 '지구 들기'를 표현한 만화

[그림 21] 시 읽고 만화로 표현하기

(2) 시 읽고 그림카드로 표현하기

  마음에 드는 시를 한 편 골라 여러 번 읽습니다. 소리 내어서 읽
고 조용히 눈으로도 읽습니다. 여러 차례 시를 읽으며 시와 관련된
경험이나 느낌을 떠올립니다. 교실 바닥이나 책상 위에 펼쳐 둔 그
림카드 중에서 자신이 고른 시와 가장 가까운 그림카드를 한 장씩
가져옵니다. 붙임쪽지에 시를 읽을 느낌이나 자신에게 하고 싶은
말을 써서 그림카드에 붙입니다. 그림카드를 들어 보이며 자신이
고른 시에 대한 느낌이나 경험을 발표합니다.

[그림 22] 시 읽고 그림카드로 표현하기

(3) 시 바꿔쓰기

재미있게 읽은 시에서 일부분을 바꿔 쓰는 활동입니다. 시를 바꿔 쓰는 방법에는 여러 가지가 있습니다. 시의 제목으로 이행시, 삼행시, 사행시 짓기, 같은 제목으로 다른 내용의 시 쓰기, 시의 낱말이나 구절 바꿔 쓰기, 시의 한 연 바꿔쓰기, 흉내 내는 말이나 감각적 표현 바꿔 쓰기, 제목 바꿔쓰기, 제목과 내용 모두 바꾸기 등을 할 수 있습니다.

다양한 방법 중에서 각자가 하고 싶은 방법을 선택해서 하도록 합니다. 아이들이 자유롭게 시를 바꿔 쓸 수 있도록 허용적인 수업 분위기를 조성하고 잔잔한 음악을 들려주어 몰입을 돕습니다.

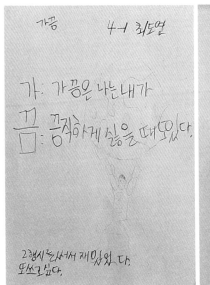

시 '가끔'으로 이행시 짓기

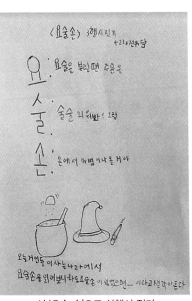

시 '요술 손'으로 삼행시 짓기

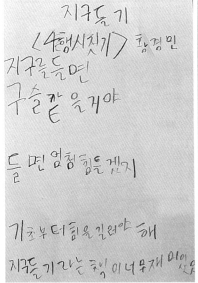

시 '지구 들기'로 사행시 짓기

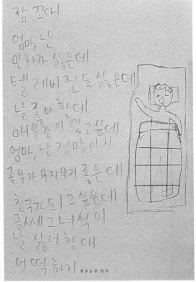

시 '잠꼬대' 시 바꿔쓰기

[그림 23] 다양한 방법으로 시 바꿔쓰기

다. 독서 후 활동

(1) 시 활동지 모아서 나의 시집 만들기

그동안 시 공부를 하면서 활동했던 학습지를 모아서 앞뒤에 표지를 덧대어 한 권의 책을 만듭니다. 마스킹테이프를 활용하여 책등을 꾸미면 쉽게 예쁜 책을 만들 수 있습니다. 이때 활동지 배열이나 앞표지의 제목 등은 학생들이 자유롭게 정하도록 합니다.

제목으로는 함께 공부한 시집의 제목을 본 따도 좋고 자신이 새로 지어도 좋습니다. 앞표지에는 자신의 이름과 출판사를 기록하여 책의 형태를 가지도록 합니다. 뒤표지에는 그동안 긴 흐름으로 시집 읽기를 한 전체 소감을 적도록 합니다.

[그림 24] 나만의 시집 앞표지

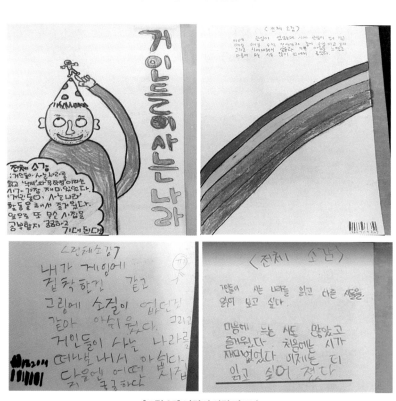

[그림 25] 나만의 시집 뒤표지

(2) 책 전시회 또는 돌려가며 감상하기

이렇게 만든 자신의 시집을 전시해서 관람하거나 둥글게 앉아 돌려보는 것이 좋습니다. 친구들이 고른 시, 바꾸어 쓴 시, 성찰 글을 읽는 것도 좋은 독서 후 활동이 됩니다.

[그림 26] 시 돌려 읽고 감상 나누기

5. 다음 수업을 위하여

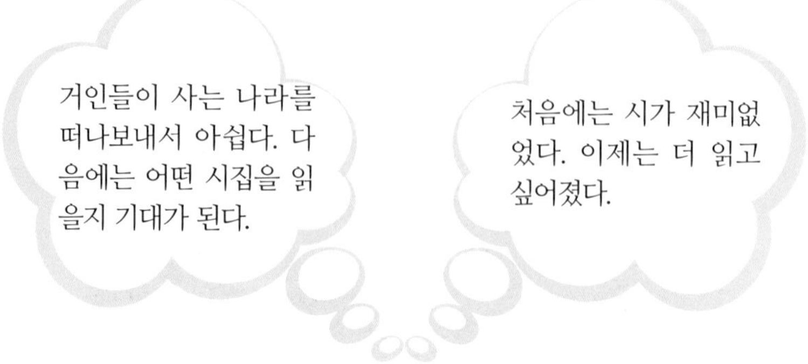

거인들이 사는 나라를 떠나보내서 아쉽다. 다음에는 어떤 시집을 읽을지 기대가 된다.

처음에는 시가 재미없었다. 이제는 더 읽고 싶어졌다.

[그림 27] 수업 후 아이들의 반응

　한 권의 시집을 긴 흐름으로 읽었습니다. 아이들에게 재미를 더하기 위해 읽기 전, 후 활동에 놀이 요소도 넣고 다양한 활동도 해 보았습니다. 그랬더니 '시가 재미없는 줄 알았는데 너무 재미있다. 앞으로 어떤 시를 읽을지 기대가 된다'라는 반응이 나왔습니다. 시를 읽는 기쁨과 재미를 발견했다니 다행입니다.

　긴 흐름으로 시집 읽기는 아이들이 처음으로 해 본 활동입니다. 그래서 처음에는 읽기 후 활동을 선택으로 하지 않고 한 가지 활동을 모두가 함께하는 것으로 운영하였습니다. 활동 하나하나가 아직 익숙하지 않았기 때문입니다. 차츰 선택 활동의 폭을 넓혀갔습니다. 아이들의 다양성을 존중하고 자발성을 이끌기 위해서는 각자가 하고 싶어 하는 활동을 적절히 선택해서 하도록 하는 것이 좋겠습니다.

　'함께 읽으면 시도 재미있다는 것을 알았다.' 아이의 소감문에 나오는 글입니다. 교사인 저 또한 아이들과 함께 읽어서 더 재미있었던 시 공부였습니다.

6장

시와 이야기가 함께하는 읽기 수업 2

1. 이런 수업을 하고 싶었습니다

가. 시와 이야기 수업(독서단원) 발상

독서단원은 초등학교 3학년에서 고등학교 1학년까지 '매 학기 한 권, 교과서 밖의 책을 수업시간에 끝까지 읽고, 타인과 생각을 나눈 후 자기 생각을 쓰는 데 도움이 되도록' 하기 위한 특별 단원을 말합니다. '독서 단원'에서는 국어과 수업 시수 안에서 특별하게 계획된 독서 경험을 제공하며, 교사와 학생이 자율적 선택과 창조적 구성을 하며 교수학습 과정에서 독서가 이루어지도록 설정하였습니다. 책 한 권을 긴 호흡으로 읽고, 듣고, 말하고, 쓰는 실제 활동을 통해 관련 성취기준을 통합하여 배울 수 있도록 구안되었습니다.

교사의 입장에서는 교수학습과정에서 독서를 한다는 것이 마음을 설레게 하였습니다. 교과서 밖의 책을 읽는다는 것에 더 흥미를 느꼈습니다. 학생들과 교수학습과정에서 함께 책을 읽고 이야기를 나눌 수 있다고 생각하니 신이 나고 어떤 책을 읽을까 기대가 되었습니다. 교과서에 수정 축약하여 실린 책들을 보면서 안타까움이 최고조에 달했을 때 2015개정 교육과정에 독서 단원이 들어온 것입니다. 교과서 지면상의 제약과 성취기준에 따른 작품의 일부분에 대한 필요가 교과서를 펼쳐서 느끼는 허전함을 어찌할 수 없었고, 간혹 온 책을 읽는다고 해도 학생들 모두가 책을 확보할 수 없는 불리한 상황에서 책읽기는 늘 허기지고 성에 차지 않았습니다.

　　이제 비로소 한 권의 책을 교수학습 과정에서 긴 호흡으로 읽을 수 있게 되었고 끝까지 함께 읽고 이야기 나누는 활동이 가능해진 것입니다. 함께 읽고 싶은 책이 많았습니다. 『초정리 편지』,『책과 노니는 집』,『갈매기에게 나는 법을 가르쳐준 고양이』,『불량한 자전거 여행』,『기호 3번 안석뽕』,『최기봉을 찾아라』,『낫짱이 간다』,『푸른 사자 와니니』 이루 다 열거할 수 없을 정도입니다. 교사가 학년 수준과 학생의 사회 문화적 맥락성을 고려하여 5~6권의 책을 골라 주고 북매치(BOOKMATCH)전략 등으로 한 권의 책을 학생들 스스로 선정하면 좋겠지만 도서 수급의 문제도 있고 학교 도서관 도서 구입 시기와도 맞지를 않아 교사가 선정한 책으로 읽도록 하였습니다. 독서 지도 모형에 따라 독서 준비 단계, 독서 단계. 독서 후 단계에 맞는 활동을 구안하여 독서단원 수업을 시작하였습니다. 교사가 선정한 책은 이현 선생님의『푸른 사자 와니니』입니다.『푸른 사자 와니니』에 나오는 인물에게 시를 들려주는 활동을 독서 후 단계에서 하고 싶었습니다.

　　해당 단원의 성취기준은 다음과 같습니다.

[6국02-02] 글의 구조를 고려하여 글 전체의 내용을 요약한다.

[6국05-05] 작품에 대한 이해와 감상을 바탕으로 하여 다른 사람과 적극적으로 소통한다.

『푸른 사자 와니니』에 나오는 와니니, 말라이카, 아산테, 잠보의 삶의 방식을 이해하고 자신의 삶을 돌아보는 기회를 만들어주고 싶었고, 인물의 처지에 맞는 시를 읽어주는 활동에 앞서 내 주변 사람들의 상황을 살피고 따뜻한 위로를 건네는 아이였으면 하는 바람이 있었기 때문에 친구들의 고민을 듣고 시를 읽어주는 활동도 해보고 싶었습니다.

나. 시와 이야기 수업 디자인

『푸른 사자 와니니』를 독서 수업 모형에 따라 독서 준비 단계, 독서단계, 독서 후 단계로 계획하여 수업을 하게 됩니다. 단계마다 전략을 가지고 읽을 수 있도록 하였습니다.

<표 27> 차시별 수업 활동

단계	차시	활동 내용	학습 자료	비고
독서 준비	1	단원개관, 독서단원이란?		
	2	시 듣고 제목 맞추기	시집	
	3	써클 시 읽기 질문하기	시집	써클로 앉기
	4	이럴 때는 이런 시	시집	써클로 앉기
	5	책 제목으로 질문하고 어휘 예측하기 차례 늘어놓으며 내용 예상하기	『푸른사자 와니니』	
독서	6	1. 해뜰 무렵 (교사가 읽어주기) 2. 마디바의 아이들 3. 듣고 싶지 않은 말 4. 한 밤의 칩입자	『푸른사자 와니니』	
	7	5~8 읽기, 인물에게 궁금한 것 질문하며 읽기	『푸른사자 와니니』	
	8	9~12 읽기, 인물에게 궁금한 것 질문하며 읽기	『푸른사자 와니니』	
	9	13~16 읽기, 인물에게 궁금한 것 질문하며 읽기	『푸른사자 와니니』	
	10	17, 질문 마무리하기	『푸른사자 와니니』	
독서 후	11	인물의 말과 행동 살펴보기	『푸른사자 와니니』	
	12	삽화 순서대로 놓으며 내용 정리하기	『푸른사자 와니니』	
	13	인물에게 메시지 전하기 시 들려주기	『푸른사자 와니니』	써클로 앉기

2. 이런 수업을 했습니다

가. 독서 준비 단계 주요 장면

1) 이럴 때는 이런 시

　독서 준비 단계에서 다양한 소재의 시를 읽어보았습니다. 인물에게 들려 줄 시를 찾을 때 좀 더 많은 시들 속에서 적절한 시를 찾게 하고 싶었기 때문입니다. 시집을 들고 써클 읽기를 한 후 자신의 삶 속에 자리한 고민이 있으면 써보라고 하였습니다. 라디오 음악프로에 사연을 보내듯이 써보라고 하니 부담 없이 자신들의 삶을 이야기로 드러냈습니다. 이름은 닉네임을 쓰도록 하였습니다. 교사가 사연을 읽으면 거기에 맞는 시를 찾아 읽는데 사연에 꼭 맞는 시를 찾기가 쉬운 일은 아닌 듯 했습니다. 간혹 속 깊은 고민을 적은 친구도 있어서 학생들이 그 친구를 위로하거나 용기를 주거나 그 마음을 표현할 시를 들려주려고 노력하는 모습에 뿌듯했던 기억도 있습니다. 이런 경험을 통해 『푸른 사자 와니니』에 나오는 인물들에게 시를 들려줄 때　학생들은 인물이 차한 상황이나 그 때 그 인물의 마음을 짐작하며 그에 맞는 시를 읽어주려고 노력하는 모습이 보였습니다.

[그림 41] 인물의 마음을 생각하며 시 읽기

2) 책 제목으로 질문하기

『푸른 사자 와니니』 책을 보여주고 제목이나 표지를 보면서 생각나는 것을 말해보게 하였습니다.

학생들은 "왜 푸른 사자라고 했는지 궁금해요.", "와니니가 사자 이름인가?", "네 마리 사자가 나오나봐요.", "암사자 두 마리와 수사자 두 마리예요.", "뒤표지에는 암사자 두 마리가 나오는데.", "왕관이 있어요.". "뒤표지에 '틀린 삶은 없다 서로 다를 뿐이다.'라고 나와요.", "사자들이 살아가는 이야기 같아요.", "약한 사자가 주인공인가?" 등 제목이나 표지로 드러나는 내용을 예상하고 많은 이야기들을 쏟아냈습니다.

책의 제목을 보고 제목에 기초해 어떤 내용이 들어있을지를 예측하는 활동을 해 보았습니다. 책 제목을 보고 책에 어떤 단어들이 실려 있을지 나름대로 추측해 보고 적어본 후 책을 펴서 읽으면서 얼마나 많은 단어를 찾아냈는지 이야기해 보았습니다. 책을 읽기 전에 학생들의 흥미와 관심을 유발하고 글의 내용과 구조에 대한 사전 지식을 점검할 수 있고 배경 지식을 활성화 할 수 있었습니다. 학생들은 '얼른 책을 읽고 싶다.'라는 말을 하였습니다.

3) 차례 늘어놓으며 내용 예상하기

『푸른 사자 와니니』는 17개의 목차가 있습니다. 모둠별로 목차가 적혀있는 17장의 카드를 주고 이야기의 흐름을 예상하며 순서를 정해 늘어놓아 보라고 하였습니다. 책의 순서와 관계없이 나름대로 이야기를 예상하여 늘어놓고 전체 내용을 예측해 보도록 하였습니다. 이 활동을 하면서 학생들은 실제로 책에서는 어떤 순서로 전개되는지 무척 궁금해 하면서 제목에 담긴 이야기의 내용을 예측하고 제목끼리의 연관성을 생각하는 것 같았습니다. 책의 순서대로 맞추는 것이 아니라 이야기의 흐름을 예상하는 것이기 때문에 논리적으로 내용이 이어지기만 하면 된다는 것을 강조하였습니다.

나. 독서 단계 주요 장면

1) 질문하며 읽기

질문하며 읽기는 어떠한 종류의 질문을 제기하고 이 질문의 답을 찾아나가는 과정입니다. 읽기 능력의 중요한 구성요소 가운데 하나는 구체적인 질문을 할 수 있는 능력이며, 활자화된 글에서 이들 질문에 대한 답을 어떻게 어디에서 얻을 수 있는지를 아는 능력입니다. 특히 문학 작품에서는 내용을 점검하며 읽을 때 내용을 이해하고 추론하며, 비판적 사고를 위한 질문을 하게 됩니다.

학생들에게 17개의 차례에 3개씩의 질문을 하도록 하였는데 사실을 묻는 질문 보다는 글에는 나타나 있지 않지만 겪은 일에 대한 인물의 생각이나 기분, 마음 상태를 묻는 질문을 하도록 하였습니다. 인물이 처한 상황에서 자신이라면 어떻게 했을지 생각해보는 기회를 주고자 상상하며 읽으면서 질문을 하도록 하였습니다. 질문 만들기를 어려워하는 학생이 있어 한 개의 차례를 가지고 질문을 만들어보는 활동을 하였습니다.

학생들은 다음과 같은 질문들을 만들기 시작했습니다.

■ 해 뜰 무렵 "엄마들이 사냥하는 모습을 보면서 와니니는 어떤 생각을 했을까?"

■ "와니니가 겨우 먹기 시작했을 때 마디바 할머니의 '돌아가자.'라는 말을 듣고 와니니는 기분이 어땠을까?"

■ "작가는 시간적 배경을 '하늘이 유난히도 높푸른 오월의 어느 아침이었다.'라고 표현했을까?

[그림 42] 질문하며 읽기

다. 독서 후 단계 주요 장면

1) 내용 정리하기

『푸른 사자 와니니』를 읽고 내용을 글의 구조를 고려하여 자신의 언어로 요약해보도록 하였습니다. 단순히 글의 분량을 줄이는 것이 아니라 주요 내용을 뽑아 이를 중심으로 간추려 정리하는 것이므로 글의 형식상 구조를 고려하여 요약하여야 합니다.

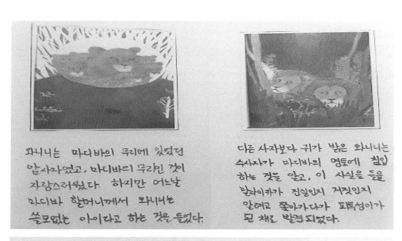

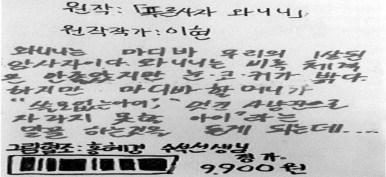

[그림 43] 자신의 말로 요약하기

2) 인물에게 시 들려주기

『푸른 사자 와니니』를 읽고 인물의 말과 행동, 사건을 중심으로 글 전체의 내용을 요약한 것을 바탕으로 인물들의 처지나 마음을 알아보고 그에 따라 들려주고 싶은 시를 정하도록 하였습니다. 개인별 시집을 준비하여 인물에게 들려주고 싶은 시를 옮겨 적고 그 시를 인물에게 들려주고자 하는 이유도 함께 적어보도록 하였습니다. 써클 형태로 앉아 시를 낭송하고 인물이 되어서 그 시를 듣고 어떤 기분이 들지 서로 이야기 나누는 시간도 가졌습니다.

인물들에게 들려준 시를 내 주변의 누군가에게 들려준다면 누구에게 어떤 시를 들려주고 싶은지 발표해보게 하였는데 학생들은 자신의 삶을 드러내어 보이며 엄마, 아빠, 언니나 오빠에게 시를 들려주고 싶다고 하였습니다.

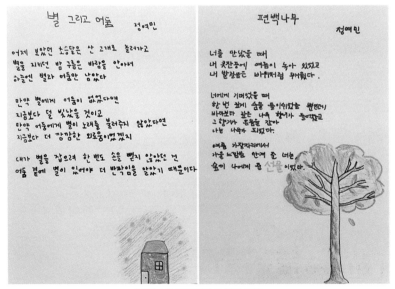

[그림 44] 인물에게 시 들려 주기

7장

동시집과 함께하는 읽기 수업 2

1. 내가 생각한 수업은

　3-4학년 학생들과 또래 아이들의 생활 이야기가 잘 담긴 동시집을 긴 호흡으로 함께 읽고 나누고 싶었습니다.

　좋아하는 시인이나 시, 시집을 떠올리지 못하는 아이들에게 하상욱 시인의 『서울시』를 소개하고 시들을 읽어 주면서 제목도 맞추고 시를 자기 이야기로 바꾸어도 보았습니다. 한 줄도 시가 되고 쉽고 참신하면서 재미있다는 사실을 알고 친근하게 느끼도록 해 주고 싶었습니다. "시는 집이 시집이다.", "누구나 왼손에 시를 품고 산다."라는 말을 던지면서 시 구호에 어울리는 신체 표현도 만들어 보았습니다. 시에 대해 흥미를 가질 수 있도록 한 다음에 재미있게 읽을 만한 시집을 소개하고 시들도 읽어주었습니다. 시 읽기를 즐겨하며 한 편의 시를 가슴에 품고 사는 따뜻한 사람으로 성장했으면 하는 바람으로 〈한 학급 같은 동시집 함께 읽기〉로 8시간 독서 단원 수업을 계획하였습니다.

도서관에 있는 시집들을 훑어보면서 함께 읽을 시집을 선정하였습니다. 아이의 삶, 즉 아이들의 살아 있는 목소리, 하고 싶은 외침, 재치 있고 익살스런 모습 등 아이들의 생활 모습과 경험을 잘 담은 시집을 선정하는 것에 중점을 두었습니다. 한 학급 모두가 한 권의 같은 시집을 읽고 다중 텍스트로 다른 시집의 관련 있는 시들도 함께 나누며 많은 시들을 접할 수 있도록 하였습니다.

[그림 45] 수업에 활용하기 좋은 시집들

2. 이 시집이 좋은 까닭

아이들의 생활을 잘 담고 있어 자신의 이야기를 이야기 나눌 수 있는 공감이 갈 만한 시집을 선정하기 위해 교사인 나부터 다양한 시집의 시들을 먼저 읽어 보았습니다. 학교 도서관에 학급 인원만큼 구입해 둔 시집들 중에서 어른들이 아이의 마음을 잘 담아 쓴 동시집과 어린이들이 자신의 이야기를 솔직하게 쓴 어린이시집을 골랐습니다.

3학년에서는 일상생활에서 경험한 음식들로 재미있는 이야기를 엮은 안도현 시인의 『냠냠』 시집이 가장 읽고 싶은 시집으로 선정되었습니다. 먹는 즐거움이 시집 속에 고스란히 담겨있는 쉬운 시집입니다. 시집 속의 음식들을 자신이 먹은 음식으로 바꾸어 쓰기도 좋고, 함께 먹은 급식 음식으로 이야기꽃을 피울 수 있어 재미있는 독후 활동도 기대가 되었습니다.

4학년에서는 학원과 공부, 이른 사춘기로 부모님과의 갈등 이야기 등을 다룬 이정인 시인의 『남자들의 약속』이 선정되었습니다. 이 시집은 아이들의 일상과 생각을 그저 밝고 긍정적으로만 표현하기보다 사실적으로 담담히 그려내고 있습니다. 때로는 식구들과 티격태격 싸우기도 하지만 그것은 결국 서로에 대한 사랑 때문임을 깨닫게 되는 가족애를 다룬 동시들이 많이 담겨 있어 자신의 이야기를 담아내기에 좋겠다는 생각이 들었습니다.

두 시집 모두 아이들이 가정이나 학교, 학원 등에서 쉽게 접할 수 있는 소재로 솔직하게 쓰여진 시들이어서 쉽고 재미있게 읽을 수 있고 각자 자신의 이야기를 담아 나누기도 좋았습니다. 두 시집에는 읽는 아이들에게 가슴 찡한 감동을 주는 울림이 있는 시들이 제법 많았습니다. 시집 수업의 좋은 점은 여러 시들을 읽으며 자신에게

울림을 주는 시를 스스로 찾아낼 수 있다는 점입니다. 이러한 울림
은 작품이 나 자신과 관계되는 것일 때 가장 큽니다. 아이들의 삶,
말과 글이 하나로 이어진 시를 공감하고 소통하면서 자기의 이야기
를 시에 담아 쏟아낼 수 있다면 우리 아이가 주인공이 되는 행복한
수업이 될 것입니다.

〈표 28〉 『냠냠』 읽기 계획

단원명	(독서단원) 책을 읽고 생각을 나누어요
단원 성취 기준	문학(5) 재미나 감동을 느끼며 작품을 즐겨 감상하는 태도를 지닌다. 읽기(5) 읽기 경험과 느낌을 다른 사람과 나누는 태도를 지닌다.
단원 학습 목표	책을 끝까지 읽고 생각이나 느낌을 말할 수 있다.

선정 도서	
	안도현 시인의 동시집으로, 음식과 음식 관련 소재를 재미있는 상상력으로 그려낸 시집입니다. 순수하면서 장난기 가득한 동심의 세계를 다양한 화자와 어법, 의성어 의태어, 재미난 말놀이, 노래처럼 흘러가는 운율로 표현했습니다. 그리고 엉뚱함과 발랄함 속에 음식에 대한 철학을 은연중에 넣어서 아이들이 음식이라는 것의 중요성을 배울 수 있습니다.

차시	학습주제	활동내용
1 ~ 2	• 짬짬이 시집 속 시 읽어주고 함께 암송하기 • 시집 선정하기 • 시집 『냠냠』 소개하기 • 시집 훑어보고 예측하기	- 하상욱 시인의 『서울시』에서 선생님이 읽어주신 시 듣고 제목 맞추기 - 한줄시, 두줄시, 세줄시 함께 암송하기 - 책고르기 전략 학습지로 함께 읽을 시집 선정하기 - 『냠냠』 시집 표지를 살펴보고 시 제목과 내용 예측하기 - '냠냠' 이름에 어울리는 음식들을 떠올려 브레인스토밍하고 친구들과 나누기 - 시집 속 작가의 말, 차례, 삽화, 시 훑어보기 - 작가 소개 및 독서단원 공부 방법 안내하기

2 ~ 3	차례 1쪽의 시들을 읽고 생각과 경험 나누기	읽기 전	– '어제 먹은 음식' 중에 제일 맛있었던 음식 떠올려 보고 이유와 느낌 이야기 나누기 – 차례를 보면서 제일 맛있을 것 같은 시를 골라 읽어보기
		읽기 중	– 시 낭송 방법 연습하여 모둠, 전체 낭송해보기 – 각자 읽고 마음에 드는 동시에 2~3편 골라서 표시하기 – 함께 읽기(그 시를 선택한 친구들끼리 모여 함께 읽기) – 시가 마음에 드는 이유, 재미, 감동, 비슷한 경험 나누기
		읽기 후	– 가장 마음에 드는 동시를 골라 내 경험으로 시의 일부분을 바꾸어 쓰고 공유하기
4 ~ 5	차례 2쪽의 시들을 읽고 생각과 느낌 나누기	읽기 전	– '없네' 시를 메기고 받으며 함께 읽은 다음 음식 이름에는 있지만 실제로 들어있지 않은 음식 브레인스토밍하기 – '없네' 시 음식을 바꾸어 줄줄이 발표하기
		읽기 중	– 학급 전체 학생들이 시의 장면을 상상하며 모둠별로 모여 다양한 방법으로 시 읽기 – 각자 재미있는 동시를 2~3편 골라 이 시가 마음에 드는 이유를 소개하고 친구들에게 낭송해 주기 – 노가바 활동하기 : 재미있는 한 편 골라서 알고 있는 노래 가사에다 바꾸어 불러보기
		읽기 후	– '없네' 시를 '있네'(음식 이름에도 있고 실제로 음식에 들어 있는 음식)로 바꾸어 보기 – 모둠별로 '있네' 음식 이름 브레인스토밍하기 – 음식이름 바꾸어 넣고 학급시 만들어보기
6 ~ 7	멸치를 자세히 관찰하고 이야기 나누기 멸치 시 쓰기 음식 관련 시 더 찾아보기	쓰기 전	– 안도현 시인이 왜 『냠냠』 시집을 써서 친구들에게 주었을까요? 어떤 말을 하고 싶었을까요?
		쓰기 중	– 감각적 표현에 대해 알고 실감나고 기발한 시를 찾아 소개하기 – 마른 멸치 몇 마리를 책상 위에 두고 가족, 친구 관계를 상상하며 자세히 관찰하기 – 멸치에게 궁금한 점 질문하고 말 걸기 – 멸치와 나눈 대화를 감각적 표현을 살려 시로 쓰기
		쓰기 후	– 멸치 시 전시하기 – 시 낭송하기
8	가장 좋아하는 시 낭송(암송)하기 나의 시집 만들기		– 『냠냠』에서 최고의 시를 뽑아 암송하거나 낭송하고 시화 꾸미기 – 활동지 모아 나의 시집, 우리반 냠냠 시집 만들기

〈표 29〉 『남자들의 약속』 읽기 계획

단원명	(독서단원) 책을 읽고 생각을 나누어요.	
단원 성취 기준	문학(5) 재미나 감동을 느끼며 작품을 즐겨 감상하는 태도를 지닌다. 쓰기(5) 쓰기에 자신감을 갖고 자신의 글을 적극적으로 나누는 태도를 지닌다.	
단원 학습 목표	책을 꼼꼼히 읽고 중요한 내용이나 인물에 대해 말할 수 있다.	

선정 도서

이정인 시인의 동시집으로 아이들이 겪고 있는 생활을 쉽고 재미있게 그리고 있어 시를 읽으면서 '나 같은 생각을 하는 사람이 여기 또 있구나' 하면서 뒹굴뒹굴 낄낄할 수 있을 것입니다. 그러면서 '나는 참 행복한 사람이구나.' 하고 느꼈으면 하는 바람을 가집니다. 『남자들의 약속』에서 특히 주목할 점은 아이들의 일상과 생각을 그저 밝고 긍정적으로만 표현하는 데 그치지 않고 나아가 때로는 식구들과 티격태격 싸우기도 하지만 그것은 결국 서로에 대한 사랑 때문임을 깨닫게 되는 가족애를 다룬 동시들이 많다는 것입니다.

차시	학습주제		활동내용
1	• 짬짬이 시집 속 시 읽어주고 함께 암송하기 • 시집 선정하기 • 시집 『남자들의 약속』 소개하기 • 시집 훑어보고 예측하기		– 하상욱 시인의 『서울시』에서 선생님이 읽어주신 시를 듣고 제목 맞추기 – 한줄시, 두줄시, 세줄시 함께 암송하기 – 책 고르기 전략 학습지로 함께 읽을 시집 선정하기 – 『남자들의 약속』 시집 표지를 살펴보고 시 제목과 내용 예측하기 – 시집 속 작가의 말, 차례, 삽화, 시 훑어보기 – 작가 소개 및 독서단원 공부 방법 안내하기
2 ~ 3	'1부 고개 숙이지 마, 너도 꽃이야' 읽고 생각과 경험 나누기	읽기 전	– '1부 고개 숙이지 마, 너도 꽃이야' 차례에서 제일 인상적이거나 재미있을 것 같은 시 제목 고르기 – 1부 시들의 제목을 살피면서 시의 내용 짐작 해 보기
		읽기 중	– 시 낭송 방법을 연습하여 다양하게 모둠, 전체 낭송해보기 – 시를 다양한 방법으로 전체 모둠이 함께 읽고 각자 가장 마음에 울림을 주는 동시 2~3편 골라 표시하기 – 함께 읽기(그 시를 선택한 친구들과 나누어 읽고, 선택한 이유 말하기) – 재미나 감동, 비슷한 경험 나누기 – 우리 선생님 추천 시 들려주기(나태주의 풀꽃 1, 2, 3)
		읽기 후	– 가장 마음에 드는 동시 선택하여 필사하거나 시화 꾸미기

4 ~ 5	'2부 내 마음 좀 알아주세요' 읽고 생각과 느낌 나누 기	읽기 전	– 학교나 학원 공부로 요즘 나의 마음은 어떤지 서로의 생활 　모습 나누기 – 내 마음을 몰라줘서 속상했던 경험 나누기
		읽기 중	– 2부 시들의 제목을 살피면서 시의 내용 짐작해보기 – 시를 다양한 방법으로 전체 모둠이 함께 읽고 각자 가장 마 　음에 울림을 주는 동시 2~3편 골라 표시하기 – 좋아하는 시가 같은 친구들끼리 모여 시를 나누어 읽고, 　선택한 이유 말하기 – 학원, 공부 관련 다른 시들과 관련지어 생각과느낌 나누기
		읽기 후	– 현재 자신의 일상생활을 되돌아보며 이야기 나누기 – 학원이나 공부 관련의 시를 내 경험으로 시 바꾸어 쓰거 　나 나의 마음을 시로 쓰기
6 ~ 7	'3부 그 집에 온 가족이 모여 산다' 읽고 생각과 느낌 나누기	읽기 전	– 최근 가족 간의 갈등으로 힘들었던 경험이 있으면 짝과 나 　누어보기(어떤 일, 원인, 해결 방법, 결과는 ……)
		읽기 중	– 3부 시들의 제목을 살피면서 시의 내용 짐작해보기 – 시를 다양한 방법으로 전체 모둠이 함께 읽고 각자 가장 마 　음에 와닿는 동시 2~3편 골라 표시하기 – 자신이 좋아하는 시와 같은 시를 선택한 친구들끼리 모여 　다시 읽고, 선택한 이유 말하기 – '남자들의 약속' 시를 함께 읽고 시 속의 인물을 초대하여 　인물의 마음을 알기 – 모둠 친구들과 시 속의 인물이 되어 시를 연극으로 만들어 　발표하기 (시의 내용 중 인물, 사건, 배경의 일부분을 재 　구성할 수 있도록 자유롭게 표현하기)
		읽기 후	– 부모님의 입장이 되어보고 이야기 나누기 – 내가 도와드릴 수 있는 집안일을 떠올려 시의 일부분을 내 　이야기로 바꾸어 쓰기
8	가장 좋아하는 시 낭송(암송)하기 나의 시집 만들기		– 『남자들의 약속』에서 최고의 시를 뽑아 암송하거나 낭송하고 시화 　꾸미기 – 학원 공부 관련 내바시(내 경험으로 바꾼 시), 활동지 모아 나의 시 　집 만들기

3. 아이들의 수업 모습 하나(3학년 2학기 수업의 실제)

가. 독서 준비 단계

아이들이 가장 좋아하는 것은 당연히 먹는 것이고 맛있는 것을 먹을 때 가장 행복하다고 합니다. 아이들이 매일 먹는 음식과 좋아하는 간식들을 떠올려 보았습니다. 학급 전체가 같은 시집을 읽기로 한 다음 도서관 복 권 시집 중에서 아이들의 만장일치로『냠냠』시집이 선정되었습니다. 우리 반에서『냠냠』시집을 읽으면서 함께 하고 싶은 활동들을 계획하였습니다. 무엇보다 어린 아이들에게 시집을 함께 읽는 수업을 통해 시는 쉽고 재미있으며 일상생활 속에서 언제든 마음만 먹으면 술술 쓸 수 있다는 것을 자연스럽게 깨닫게 해 주고 싶었습니다.

1) 급식 안내장 보고 이야기 나누기

이 달의 급식 안내장을 보며 함께 먹은 음식과 먹을 음식에 대해 이야기를 나누었습니다. 모둠 돌아가며 맛있게 먹은 음식과 먹고 싶은 음식 말하기로 먹거리 대화를 꽃피웁니다.

- 오늘 반찬 중 가장 맛있을 것 같은 음식?
- 탕수육 : 부먹으로 먹을지 찍먹으로 먹을지 기대되어서
- 오늘 먹은 음식 중 가장 맛있었던 음식과 그 이유와 특징?
- 떡볶이와 만두 : 매콤달콤, 분식점에서 먹던 기억이 떠올라서
- 다음 달 꼭 먹고 싶은 메뉴와 그 이유
- 고르곤졸라 피자 : 치즈가 가득 든 피자를 꿀에 찍어 먹고 싶어서

• '냠냠' 이름에 어울리는 음식들을 떠올려 브레인스토밍하기

2) 시집 표지, 제목, 차례를 훑어보며 내용 예측하기

함께 읽을 동시집『냠냠』표지를 보고 질문을 통해 어떤 내용일지 상상해 보게 합니다. "왜 제목이 '냠냠'일까?, 표지 삽화에 나오는 인물은 무엇을 하고 있는지? 표정은 어떤지? 이유는 무엇일지?" 등의 질문으로 자신의 경험을 떠올려 봅니다. 이를 바탕으로 시집의 내용을 예측해 봅니다. 차례를 훑어보면서 시집 속 시들의 내용을 짐작해 보고 끌리는 시의 제목도 살펴봅니다.

[그림 48] 시인 소개와 표지 그림보고 맞추기 활동

아이들에게 안도현 시인에 대해 소개하고 냠냠 시집에 받아 둔 안도현 시인의 사인도 보여주었습니다. 평소 좋아하는 시인을 만나 시 쓰기연수를 받은 이야기를 들려주니 아이들이 이 시집에 더 많은 흥미를 가졌습니다.

아이들은 시집을 훑어보면서 '이런 시는 나도 쓸 수 있겠다'며 자신감을 보입니다. 맛있게 먹은 음식, 맛이 없었던 음식, 기억에 남는 음식들을 떠올려 그 맛을 실감나게 시로 써보고 싶다고 하였습니다. 내가 먹어 본 음식을 가지고 국어 4단원 〈감동을 나타내요〉의

감각적 표현의 시 쓰기 활동으로 재구성하였습니다.

　다음은 아이들과 시 제목 맞추기 놀이를 하며 이 시를 맛보는 활동들입니다.

〈힌트로 시 제목 맞추기〉

　- 칠판에 제목의 초성 'ㅁㅊ ㅂㅇ'만 적기

　- 시를 읽어 주기

　- 힌트를 주며 스무고개 제목 맞추기로 시에 대한 흥미를 높여요.

☞ 제목은 '멸치 볶음'입니다.

[그림 49] 시 제목 맞추기 활동1

〈그림으로 시 제목 예측하기〉

　- 초성 'ㄴㄹ ㅊㄱㄷ'을 제시하기

　- 시집에 그림을 보여주기

　• 어떤 음식이 있나요?

　• 내가 제일 좋아하는 음식은 무엇인가요?

　• 그림 속 음식들의 공통점은 무엇입니까?

☞ 제목은 '노란 친구들'입니다.

[그림 50] 시 제목 맞추기 활동2

나. 독서 단계

1) 재미음미 협력 낭송하기

먼저 어제 먹은 음식 중에서 제일 맛있었던 음식을 떠올려 이야기 나누고 차례를 소리 내어 읽어 보았습니다. 그 중에서 제일 재미있고 맛있을 것 같은 시를 한 편을 골라서 각자 낭송해 보았습니다.

시의 분위기에 맞게 배경음악을 틀어 분위기를 한층 살려 즐겁게 다양한 방법으로 낭송하도록 하였습니다.

교사의 시범 낭송, 다함께 합창 낭송, 모둠친구들과 동그라미 낭송 등 소리 내어 다양한 방법으로 읽었습니다. 그러면서 리듬감도 느껴 보고 더 재미있게 시를 읽어 보았습니다.

반복해서 읽다보니 시가 어느새 외워지고 랩이나 노래 가사를 바꾸어 불러보면서 또 다른 재미도 맛보았습니다. 산토끼 노래에 '노란 친구들' 시를 넣어 노래로 부르고 '노오란 친구'들은 '빠알간', '초오록', '까아만' 등의 다양한 색깔의 음식으로 바꾸어 보았습니다.

〈표 30〉 알록달록 재미음미 시 낭송법

재미음미 협력 시 낭송법	
	■합창독: 다 함께 ■동그라미: 모둠 순서대로 ■더하기(빼기) 낭송: 모둠 번호 순서대로 연을 읽으면서 인원을 더(빼)하며 읽기 ■메기고 받기: 주고 받기 ■앞메아리: 연의 첫 낱말을 먼저하면 따라 낭송 ■뒷메아리: 연의 끝 낱말을 한번더 따라 낭송

2) 마음에 드는 동시를 골라서 읽고 마음에 드는 시 소개하기

시를 읽으면서 어떤 표현이 재미있고 인상 깊은지 나눕니다. 그리고 가장 마음에 드는 시와 그 이유를 자유짝을 만나며 짝에게 읽어주고 소개합니다. 비슷한 경험이 있거나 인상 깊거나 감동적인 부분을 함께 나눕니다.

저는 "국수가 라면에게" 시가 제일 좋습니다.

너 언제 미용실 가서 파마했니?

한 줄이라서 외우기도 쉽고 국수와 라면이 사람처럼 이야기 나누는 것이 재미있기 때문입니다.

[그림 51] 좋아하는 시 소개하기

3) 내 경험으로 시 바꿔 쓰기

"달달 무슨 달" 노래를 함께 부릅니다. 이때 달을 한 글자로 된 다른 낱말 "떡"으로 바꾸어 봅니다. 그러면 다른 내용도 같이 바뀌어야 자연스럽다는 것을 알게 됩니다. 이 활동을 통해 시 바꾸어 쓰기의 가장 기본인 틀은 살리고 내용만 바꾸기를 자연스럽게 익힐 수 있습니다.

"바꿀 건 바꾸고 살릴 건 살리자."

내 경험으로 시 바꾸기 구호를 외친 다음 아이들과 쉬운 노래 가사 바꾸기를 해 봅니다.

"떡떡 무슨 떡 / 맛이 있는 찹쌀떡 / 어디 어디 파나 / 떡집(   )에 팔지"

"책 책 무슨 책 / 재미있는 Why책 / 어디 어디 있나 / 도서관(   )에 있지"

빵, 껌, 밥, 햄 등 한 글자로 된 낱말로 재미있게 쉽게 바꿀 수 있다는 자신감을 심어 줍니다.

'없네' 시를 협력낭송하고 시화로 표현합니다. 다음으로는 음식 이름에는 있는데 실제로 들어 있지 않은 음식들을 최대한 많이 찾아 봅니다. 그리고 모둠원들이 마음에 드는 음식 이름을 골라 한 줄씩 적어서 '없네2' 협력시를 발표를 합니다.

"피자엔 피가 없고 / 수제비엔 제비 없고 / 딸기우유에 딸기 없고

/ 소보루빵에 소가 없고 ……"

　'없네' 시를 가지고 이번에는 제목을 반대로 '있네'로 하여 이번에는 음식 이름에도 있고 실제로 들어 있는 음식들을 떠올리며 같은 방법으로 바꾸어 봅니다.

없네 　　　　　　안도현	있네 　　　　　　3-1 ○○모둠
붕어빵엔 붕어 없고 새우깡엔 새우 없고 빈대떡엔 빈대 없고 개떡엔 개가 없고 곰탕엔 곰이 없고 칼국수엔 칼이 없고 쥐포 구인엔 쥐가 없네	김치전엔 김치 있고　카레라이스엔 카레 있고 김밥엔 김이 있고 떡볶기엔 떡이 있고 슈크림빵엔 슈크림 있고 해물 파전엔 해물 있고 된장국엔 된장 있네

[그림 52] 내 경험으로 협력시 바꾸어 쓰기

　3) 멸치에게 말을 걸고 감각적 표현의 시 쓰기
　　(3학년 2학기 4단원 〈감동을 나타내요〉)

　■ 쓰기 전 활동
　시를 쓰기 전에 아이들이 생각하는 좋은 시와 그렇지 않은 시에 대해 이야기를 나눕니다. 그리고 좋은 시를 쓰려면 어떻게 해야 할까 생각해 보고 각각의 시를 예를 들어 살펴보았습니다. 우리가 쓰고자 하는 시도 좋은 시를 쓰는 기준을 한두 가지 적용시켜 보면 어떨까 하는 제안을 하였습니다.

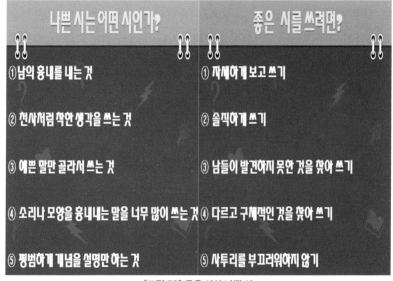

[그림 53] 좋은 시와 나쁜 시

다음은 학급 전체가 실제 멸치를 가지고 자세히 관찰하면서 질문하고 대화하면서 남들이 발견하지 못한 것을 찾아서 지금까지 시를 쓴 방법과 다르게 색다른 접근법으로 시를 써 본 활동입니다.

학급 전체가 같은 대상을 가지고 직접 관찰하며 질문과 이야기가 있는 시 쓰기 수업을 소개합니다. 작년까지는 떠올려 보고 감각적인 표현의 시를 쓰라고 했는데 올해 처음으로 대상을 직접 관찰하고 감각적 표현을 살려 실감나는 시를 써보도록 하고 싶었습니다.

• 시를 쓰기 전에 본보기 시를 통해 나쁜 시를 찾아보고 어떻게

하면 좋은 시를 쓸 수 있는지 여러 시들을 보면서 정리합니다.

• 멸치를 서너 마리씩을 학생 개인별로 나누어 주고 멸치들의 관계를 상상하게 합니다.

• 5감을 통해(보고, 듣고, 냄새 맡고, 만져보고, 시 쓰기 전 한 마리 맛보기) 자세히 관찰하도록 합니다.

• 잔잔한 음악을 틀어주며 멸치가 바다에 있을 때 그물에 걸렸을 때 우리 집에 왔을 때 어떤 마음이었는지 멸치와 대화를 나누어 봅니다.

• "멸치야 어디서 왔니?", "어떻게 하다가 여기까지 온 거니?", "그물에 걸렸을 때 마음이 어땠니?" 여러 가지 질문을 던지고 대답을 상상해 봅니다.

안도현 시인의 강연회에서 시를 가르치려 하지 말고 시적인 것을 찾도록 하라고, 가르치려고 하는 순간 그 때부터 시가 싫어진다고 한 말이 떠올랐습니다. 펄떡 펄떡 살아 있는 시 쓰기 수업에 도전해 보았습니다. 시인은 멸치를 8시간만 하염없이 바라보면 심심해서 질문과 대화가 나오고 대상과 이야기를 나누기만 하면 시가 술술 나올 수밖에 없는데 우리 시 쓰기 교육은 이것을 못기다린다고 안타까워하였습니다.

오감을 충분히 활용하여 사물을 감각적인 표현을 사용하여 실감 나게 표현해 보는데 멸치가 아주 좋은 소재가 되었습니다. 생활 속 익숙한 소재를 직접 관찰하면서 어떤 시를 쓸까 고민해 보았습니다. 이때 질문이 필요하였습니다.

멸치에게 말을 걸 질문을 만들고 멸치와 제법 진지하게 대화를 나누는 아이들을 칭찬하다 보니 어느새 교실은 시끌벅적 북새통이 되었습니다. 멸치와의 대화 내용을 들으며 서로의 마음을 나누는 동안 시를 쓰고 싶은 마음이 꿈틀꿈틀 일어나는 것이었습니다.

멸치에게 질문하고 대답하며 말은 걸다보니 멸치가 친구처럼 가깝게느껴진다고 하여 멋진 시를 쓸 준비가 다 된 거라고 칭찬해 주었습니다. 질문을 통해 우리 아이들의 멸치 이야기가 참 풍부해졌습니다. 기발한 발상이 술술 나오기 시작하였습니다. 서로의 질문을 읽고 나누는 동안 생각들이 참신해져 갔습니다.

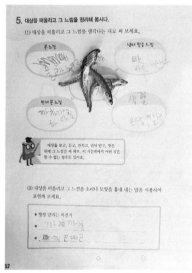

〈멸치와의 대화 내용〉
-멸치야 너는 어디서 왔니?
-너희들은 어떤 관계니?
-가족은 몇 명이야?
-뭐하다 그물에 걸렸니?
-부모님은 어디 계시니?
-친구들이랑 뭐하고 놀았니?
-지금 기분이 어때?
-뭐 할 때 제일 즐거웠니?
-무슨 요리에 들어가고 싶니?
-내가 너라면 무슨 생각날까?
-바다 말고 가보고 싶은 곳은?
-언제 제일 좋았어?

[그림 54] 멸치에게 말을 걸고 물어봐

■ 쓰기 활동
• 각자 멸치와의 대화를 떠올리며 어느 이야기를 시를 쓸지 짝과 이야기 나눕니다.
• 어떤 감각적 표현이 들어가면 좋을지 생각합니다.
• 멸치와의 대화, 멸치의 기분, 내가 먹은 멸치, 멸치 요리 등 다양한 이야기를 시로 쓰고 싶다고 합니다.

4단원 감각적 표현이 들어간 시 쓰기의 교과서 본보기 시를 멸치와 나눈 질문과 이야기로 바꾸어 쓴 시들도 있었습니다. 아이들은 기발하게 시를 바꾸어 쓰기도 하고 자신만의 시를 재미있고 감각적으로 잘 표현하였습니다. 실제 사물을 오감으로 관찰하면서 질문으로 조금은 다르게 낯설게 보는 시도가 의미가 있었습니다.

머릿속으로 떠올린 다음 생각으로만 쓴 지금까지의 시 쓰기와 비교해 보니 내용과 표현에 많은 차이가 보였습니다. 기발한 생각, 실감나는 생각, 아이다움의 순수함이 묻어나는 시들이 시를 쓴 아이의 모습을 그대로 보여주었습니다.

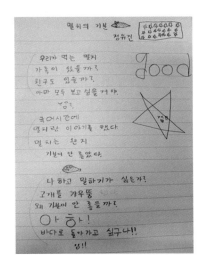
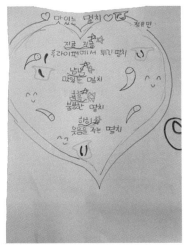

[그림 55] 꿈틀꿈틀 살아있는 멸치 시 쓰기

좋은 시를 쓰는 방법 "자세하게 보고 쓰기", "솔직하게 쓰기", "남들이 발견하지 못한 것을 찾아 쓰기", "다르고 구체적인 것을 찾아 쓰기", "사투리를 부끄러워 하지 않기"를 실천한 아이들이 대견하였습니다. 멸치로 시 쓰기에 대한 어려움이 조금이나마 해결된 것 같아 기분이 좋았습니다. 멸치를 냠냠 맛있게 먹는 아이들이 참 귀여웠습니다.

■ 쓰기 후 활동
• 시를 쓰는 속도가 아이들마다 차이가 있으므로 먼저 쓴 친구들끼리 자유짝 활동을 합니다. 이때 교사는 시 쓰기에 어려움을 가진 학생을 찾아 함께 이야기를 나누며 발상에 도움을 줄 수 있습니다.
• 자유짝을 만나서 서로의 시를 소리 내어 읽은 다음 감각적인 표현과 재미있는 표현에 칭찬의 별표를 쳐줍니다.
• 시를 읽고 재미있는 표현과 그 이유를 이야기해 주고 "이렇게

하면 더 멋진 시가 될 거 같아" 하는 제안의 말도 해줍니다.

- 자유짝 활동을 마친 다음 수정이 필요한 부분을 고치고 완성하여 시와 어울리는 그림도 그려 봅니다.
- 시화가 완성되면 칠판에 시화를 붙이고 만나지 못한 친구들의 시를 감상합니다. 이때 칭찬의 별표를 추가해 주어도 좋습니다.

[그림 56] 자유짝 시 나누기 활동

[그림 57] 완성된 시 전시하기

다. 독서 후 단계

1) 『냠냠』 최고 맛난 시 고르기

우리가 먹는 일상의 음식을 소재로 재미있고 기발하게 때로는 낯설게 표현한 시집을 한 학급이 함께 나누어 보았습니다. 시 소개하기, 내 경험으로 시 바꾸어 쓰기, 멸치 관찰하며 시 쓰기 등의 활동을 함께 하며 긴 호흡으로 읽어 보았습니다.

읽은 시 중에서 암송한 시가 몇 편이나 되는지 함께 외워 보았습니다. 그리고 마음에 와 닿고 재미있는 '최고 맛난 시'를 골라보았습니다. 포스트잇에 최고 맛난 시 한 편을 이유와 함께 적어 발표한 다음 칠판에 붙였습니다.

같은 시는 아래에 꼬리를 붙여서 어느 시가 가장 많은 선택을 받았는지 우리 학급 최고의 시를 선정하고 함께 낭송하였습니다. "시는 집이 시집니다." 한 권의 시집 속에 많은 시들과 친해진 아이들의 모습에서 즐거움과 시집 한 권을 함께 읽은 보람이 묻어납니다.

2) 시 활동지 모아서 우리 반 『냠냠』 시집 만들기

내 경험으로 바꾸어 쓴 시들과 멸치 시를 모아 앞 뒤 표지를 만들어서 우리 반 『냠냠』 시집을 만듭니다. 활동지 순서, 표지의 제목, 차례 등을 넣어 개성을 살려 만들도록 합니다. 음식을 소재로 한 시는 직접 경험을 통해 낯설게 들여다보고 나만의 질문과 이야기를 엮어 간다면 무궁무진하게 제2, 제3의 꼬마 시인들의 『냠냠』은 계속 만들어 질 수 있을 것입니다.

4. 아이들의 수업 모습 둘 (4학년 2학기 수업의 실제)

가. 독서 준비 단계

아이들과 어떤 시집을 읽을 것인가 고민하면서 아이들의 삶을 담은 다양한 생활 동시집과 어린이시집을 찾아서 먼저 읽어 보았습니다. 각자 읽고 싶은 시집을 읽을 것인지 모둠 또는 학급 전체가 함께 읽을지를 아이들과 의논하여 결정합니다.

한 학급 또는 모둠이 같은 시집을 함께 읽기로 정하였으면 교사가 읽은 동시집과 어린이시집 중에 복 권이 갖춰진 시집을 네 권정도 6모둠일 경우 6세트를 준비하여 책 고르기 전략을 학습지로 제시하여 각자 읽고 싶은 시집을 선정합니다.

학급이나 모둠에서 함께 읽기로 결정하였으면 우리 반에서 다수가 읽고 싶은 시집으로 독서단원 학습 계획을 세웁니다.

1) 짬짬이 시집 읽어주기로 시와 친해지기

- 언제?
  - 아침 자습시간, 수업시간, 그 외 짬짬이

- 무엇을? 하상욱 〈서울시〉

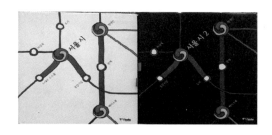

[그림 58] '서울시'의 다양한 모습

　시집 모양과 구성 방식(작가 소개, 작가의 말, 목차, 인사말 등)을 실물화상기로 소개하면 〈서울시〉의 기발한 모습에 학생들은 배꼽을 잡고 유쾌, 상쾌, 통쾌한 웃음을 터뜨립니다. 일단 맛있게 시 맛보기 성공입니다.

　이 시집 속 시들은 아이들의 창의적인 생각에 물꼬를 터주어 남과 다르게 생각해보는 즐거움을 느끼도록 해줍니다. 같은 제목으로 다양한 즉흥시를 지어 즉석에서 나누어 봅니다.

　• 어떻게? 시 제목 맞히기

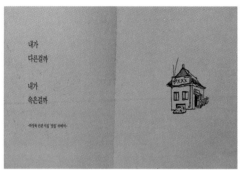

[그림 59] 시 제목 맞히기

- 시에 마음이 살짝 열리면 학생들의 경험을 담고 있는 인기 격감시(예:맛집, 시험망친 날, 포토샵, 월급, 선풍기 등) 몇 편을 선정해요.

〈힌트로 시 제목 맞추기〉
- 칠판에 제목의 초성 'ㅁㅈ'만 적기
- 시를 읽어 주기
- 힌트를 주며 스무고개 제목 맞추기로 시에 대한 흥미가 높여요.
• 줄을 길게 설 때가 많습니다.
• 점심, 저녁 때 주로 갑니다.
• 부모님, 친구들과 같이 가고 싶습니다.
• TV에서도 많이 소개됩니다.
• 가기만 해도 군침이 돕니다. 등등

☞ 제목은 '맛집'입니다.

2) 시집 선정하기

아이들과 읽고 싶은 시집 중 복 권이 준비되어 있는 시집을 모둠원 수만큼 준비하고 모둠의 수만큼 세트로 준비합니다. 3분씩 돌려 읽기 후 선정 기준표에 작성하여 자신이 읽고 싶은 시집을 선정한 다음, 많은 친구들이 읽고 싶은 책으로 모둠 또는 학급 친구들과 함께 읽을 책을 결정합니다. 시집을 선택한 이유를 들어 모둠원들 또는 학급 친구들과 의견을 조율합니다.

3) 시집 표지, 제목, 차례를 훑어보며 내용 예측하기

함께 읽을 동시집 『남자들의 약속』 표지를 보고 질문을 통해 어떤 내용일지 상상해 보게 합니다. "왜 제목이 '남자들의 약속'인지? 표지 삽화에 나오는 인물은 누구일지? 표정은 어떤지? 이유는 무엇일지? 등" 꼬리에 꼬리를 무는 질문으로 시의 내용을 예측해 봅니다. 차례를 훑어보면서 이 시집의 시들의 내용을 짐작해 보고 끌리는 시의 제목도 살펴봅니다.

〈표 31〉 육하원칙 고리 질문

시 내용 예측을 위한 육하원칙 고리 질문
■ 등장인물은 누구인 것 같나요?
- 아빠, 아들 둘, 엄마 가족인 거 같습니다.
■ 어디에서, 무엇을 하고 있나요?
- 아빠와 아이 둘은 놀기만 하고 엄마 혼자 일을 하고 있습니다.
■ 어떤 일이 생겼나요?
- 아빠와 아들들이 집안일을 도와주지 않아서 엄마가 화가 나서 집을 나가는 것 같습니다.
- 남자들끼리 엄마 앞에서 다짐을 하는 것 같습니다.
■ 여러분들의 예측한 내용이 잘 맞는지 선생님의 시 낭송을 들어보도록 하겠습니다.

나. 독서 단계

1) 재미음미 낭송법으로 즐겁게 낭송하기

낭송의 재미를 알지 못하고 기계적으로 읽는 활동은 낭송이라 할 수 없으며 이런 읽기를 통해 시의 참 맛을 새기는 것은 불가능합니다. 그러므로 시의 특징에 맞게 분위기를 살려 즐겁게 다양한 방법으로 낭송해 보았습니다.

여러 가지 낭송 방법을 아이들과 함께 이름을 지어 정리한 다음 예측하기 후 배경음악 교사 시범 낭송과 합창 낭송에 이어 모둠끼리 어떤 방법으로 낭송할 것인가를 토의하였습니다.

함께 다양한 낭송을 하는 〈재미음미 낭송법〉을 구안 적용하였으며 처음에 5가지이던 낭송법이 추가되어 12가지로 늘어나서 더 재미있게 시를 읽게 되었습니다. 또한 낭송 전 후 소감을 발표하는 활동인 첫 느낌 네 박자는 생략이 가능하며 교사의 배경음악낭송을 듣고 떠오르는 첫 느낌이나 생각을 줄줄이 발표하며 친구들과 공유하였습니다.

<표 32> 재미음미 낭송법

	기본(행과 연 구분)	심화
댕독댕독 낭송법 동그라미낭송 끝말반복낭송 돌림낭송 메기고 받기낭송 ＜크레센도 ＆ 디크레센도낭송 패러디낭송 랩낭송	■ 합창독: 다 함께 ■ 메아리: 연의 첫 낱말 먼저 따라 낭송 ■ 손뼉: 행 한 번, 연 두 번, 끝 세 번 박수 ■ 어울림: 각 연 첫 글자 잇기 ■ 동그라미: 모둠 순서대로 ■ 메기고 받기: 주고 받기	■ 크레센도＆디크레센도: 점층 읽기, 점강 읽기 　(낭송 인원 늘리고 줄이기) ■ 동그라미+끝말메아리: 　돌아가며 읽고 나머지는 끝말 ■ 돌림: 돌림노래식 낭송 ■ 패러디: 개그콘서트 ■ 랩: 비트 음악에 맞춰

2) 1부 '고개 숙이지 마, 너도 꽃이야'

■ 읽기 전 활동
- 1부 차례 읽고 가장 재미있을 것 같은 제목 골라 이야기하기
- '고개 숙이지 마, 너도 꽃이야' 소제목에 대해 이야기 나누고 어떤 내용의 시들이 모여 있는지 짐작해보기

■ 읽기 중 활동
- 각자 읽고 마음에 드는 시 2~3편 골라 표시하기
- 1부의 시 함께 읽기
  - 학급 친구들과 다양한 방법으로 시를 함께 읽는다. 교사가 먼저 읽어주고 줄줄이 한 행씩 돌아가며 읽기, 한 연씩 돌아가며 읽기, 남녀 번갈아가며 읽기, 몸짓으로 표현하며 읽기, 선생님의 지휘에 맞추어 점점 크게 읽기, 점점 작게 읽기, 맨 첫 음절 함께 읽기, 마지막 행 함께 읽기 등 창의적인 방법으로 다양하게 읽을 수 있도록 지도한다.
- 감동의 메아리 첫 느낌 네 박자 놀이로 시 읽은 후 소감 발표하기
  - 줄줄이 발표로 시를 읽고 나서 든 기분이나 느낌을 한 단어로 표현한다.
- 공감시가 같은 친구들이 모여서 시에 대한 생각과 느낌 나누기
  - 시를 고른 학생들이 그 시를 고른 까닭을 먼저 이야기하고, 친구들과 자신들의 생각이나 느낌, 비슷한 경험을 나눈다.
- 선생님 추천시 (나태주의 풀꽃 1,2) 들려주기
  - 강연장에서 나태주 시인을 만난 이야기와 풀꽃1,2,3을 쓰게 된 배경 이야기 아이들에게 들려주기

〈풀꽃1〉
자세히 보아야 예쁘다
오래 보아야 사랑스럽다
너도 그렇다

〈풀꽃2〉
기죽지 말고 살아봐
꽃을 피워봐
참 좋아

[그림 60] 꽃과 관련된 선생님 추천 시 읽어주기

• 경험을 떠올려 시의 일부분 바꾸어 쓰기

강아지풀꽃

이정인

내 강아지 꼬리처럼 복슬복슬
귀여운 강아지풀꽃
고개를 푹 숙이고 있다.

고개 숙이지 마

너도

꽃이야

▶

할미꽃

4-1 ○○○

병원 계신 우리 할머니처럼 비실비실
불쌍한 할미꽃
고개를 푹 숙이고 있다.

고개 숙이지 마셔요

할머니도

꽃이셔요

[그림 61] 내 경험으로 바꾸어 쓴 시

■ 읽기 후 활동

• 마음에 드는 시 골라 시화 꾸미기

 – 1부에서 가장 마음에 드는 시를 골라 필사를 하거나 시화를 꾸며 보도록 한다.

3) 2부 '내 마음 좀 알아주세요'

■ 읽기 전 활동

• 네 박자 놀이로 기분 나누기

 – "아이 엠 그라운드 자기 기분 말하기"

 – "힘들다 *2"

 – "힘들다, 힘들다"

 – "은수 *3"

 – "은수, 은수, 은수"

 – (은수가 받아서) "기쁘다 *4" (학급 전체 학생 이름 넣어 진행)

• 가족이나 친구가 내 마음을 몰라줘 속상했던 경험이야기 나누기

• 학교나 학원 공부로 요즘 나의 마음은 어떠한지 이야기 나누기 (감정카드 활용)

[그림 62] 감정카드

■ 읽기 중 활동
- 각자 읽고 마음에 드는 시 2~3편 골라 표시하기
- 모둠 친구들과 시 함께 읽기
  - 재미음미 낭송법을 활용하여 모둠 친구들이 다양한 방법으로 시를 함께 읽는다. 모둠원들과 읽고 싶은 방법들을 적용하면서 창의적인 방법으로 다양하게 읽을 수 있도록 지도한다.
- 시에 대한 생각과 느낌 나누기
  - 가장 와 닿는 시를 한 편씩 골라 모둠 친구들에게 그 시를 고른 까닭을 먼저 이야기하고, 시를 읽어준다. 친구들도 자신들의 생각이나 느낌, 비슷한 경험을 이야기한다.
- 학원, 공부를 다룬 시들과 관련지어 생각해 보기
  - 〈월요일〉, 〈시험〉, 〈학교와 집 사이〉, 〈올백 학원〉, 〈10분 친구〉, 〈학원〉을 전지 사이즈로 확대 출력하여 이젤에 게시한다.
  - 6편의 시 중에서 자신이 가장 공감가는 시를 1편 골라 그 까닭을 포스트잇에 적어 아래에 붙인다.
  - 시 속의 주인공에게 하고 싶은 질문을 적는다.
  - 공감시가 같은 친구들끼리 모여서 한 사람은 시 속의 주인공이 되고 나머지 사람은 질문을 한다.

공감시 나눔 활동은 통해 학원으로 힘든 시 속 주인공의 생활을 들여다 보면서 '나랑 똑같네, 나보다 더 심하네, 불쌍해'하는 측은지심이 자연스럽게 생깁니다. 위의 시들을 읽으면서 '이런 고민을 나만 하는게 아니구나'라는 위안도 받게 됩니다.

월요일

이안

학교 가방 놓고
피아노 가방 든다
피아노 가방 놓고
미술 가방 든다.
미술 가방 놓고
글쓰기 가방 든다.
글쓰기 가방 놓고
저녁밥 뚝딱, 후다닥
영어 가방 든다.
영어 가방 놓고
전과목 가방 든다.
휴-,
이것만 갔다 오면
긴 월요일도
이젠 끝이다
씻고 숙제하고
일기만 쓰면 된다.

시험

강원 동해 남호 초등 6학년 이우진

시험 날인데
나는 오늘도 놀았다.
몇 점이나 나올까?
밖을 내다보았다.
새들이 나무에 앉아 논다.
새들은 시험을 안봐서 좋겠구나.

학교와 집 사이

김은영

학교와 집 사이는
후다닥 걸어서 가면
단 5분 거리
하지만 나는
다섯 시간이나 걸린다.

수학은 영재수학
국어는 독서 논술
영어는 웰컴 투 영어나라
컴퓨터는 워드 3급
태권도 품세 심사
학교와 집 사이가
점점 더 멀어져 간다.

올백 학원

이정인

학교 시험이 끝나자
교문 앞에 다닥다닥 커다란 현수막이 붙었다.

현수막 하나가 엄마 눈을 확 덮쳤다.

'올백학원의 힘! 전교 1등 이지선'

그날부터 나는
열공학원 그만두고 올백학원에 다닌다.

10분 친구

이정인

학교에서 쉬은 시간 10분씩
학교에서 집으로 오는 동안 10분
학원 차 타고 학원가는 동안 10분
학원 차 타고 집으로 오는 동안 10분

엄마 , 10분만 놀다 올게요!

나는
친구들하고 놀 시간
10분 밖에 없다.

내 친구는 모두
10분 친구들이다.

학원

부산 반송 초등 4학년 이주남

학원이 제일 가기 싫다
안 가면 엄마한테 혼나고
가면 칭찬받고
할 수 없이 갔다.
가니까 과자를 준다.
왜 주는지 모르겠다.
내가 동물이고
선생님이 조련사고
나에게 먹이를 주는 것 같다.

우드락에 시 확대도를 붙여 이젤을 이용하여 갤러리 워킹 협력방식으로 각각의 시를 친구들과 함께 다니면서 감상합니다.

[그림 63] 갤러리 워킹 협력 방식으로 시 감상하기

※ 학원 관련 질문 만들기

– 나에게 학원(공부)은 어떤 의미일까? 어떤 의의를 가지는가?
– 내가 지금 하고 싶은 것은 무엇일까?
– 내가 지금 배우고 싶은 것은 무얼까?
– 나는 학원에 가면 공부를 제대로 하는가?
– 어떤 목표를 가지고 공부를 하고 있나?
– 공부를 제대로 학원에서 하는 모습은 어떤 모습일까?
– 엄마나 학원선생님의 강요로 공부를 하고 있는 것은 아닐까?
– 학원 공부가 성적을 올리는데 도움이 되는가?
– 어떨 때 학원을 가기가 싫은가?
– 학원 공부가 도움이 된 적은 언제였는가?
– 다니고 배우고 싶은 학원은 어떤 학원인가?

■ 읽기 후 활동
• 나의 생활을 되돌아보고 학원이나 공부 관련의 시를 내 경험으로 바꾸어 쓰거나 시로 써보기

시 감상 후에는 '학원'과 '공부', '시험' 에 대한 개념을 구체적으로 정리할 수 있도록 학생들과 함께 개념 질문을 만듭니다. 만든 질문에 대한 자신의 생각을 일기로 쓰고 부모님과 이야기를 나누는 매개체로 활용하도록 합니다. 현재 자신의 공부, 시험, 학원에 대한 마음을 다시 정립하는데 도움이 되었으면 하는 바람입니다.

4) 3부 '그 집에 온가족이 모여 산다'

■ 읽기 전 활동
• '가족'하면 떠오르는 것 말하기
• 최근 가족 간의 힘들었던 경험 친구들과 나누기

■ 읽기 중 활동
• 시 함께 읽기
 - 다양한 방법으로 시를 함께 읽고 마음에 와닿는 시 2~3편 골라 표시한다.
• 시에 대한 생각과 느낌 나누기
 - 자유짝을 만나며 그 시를 고른 까닭을 먼저 이야기하고, 시에 대한 자신들의 생각이나 느낌, 비슷한 경험을 이야기한다.
• '남자들의 약속' 시를 다양한 방법으로 함께 읽고 시 속 인물들의 마음 알기(역지사지 인물 초대석과 별별질문 만들기)
 - 시 속 인물과 시인의 마음을 역지사지의 태도로 이해하고자

하는 활동으로 희망하는 아이들을 시 속 인물과 시인으로 초대
하여 질문을 주고 받는다.

- ☆처럼 중요한 질문, ★스럽고 시시콜콜한 질문을 주고 받음
  으로써 인물의 마음을 이해하는 활동이다.

[그림 64] 역지사지 인물초대석

■ 읽기 후 활동

• 내가 도와드릴 수 있는 집안일로 시 바꾸어 쓰기

  - 자신의 경험으로 시의 일부분을 바꾸어 쓰고 발표를 통해 서
    로의 생각을 공유한다.

• 부모님께 시 읽어드리고 대화 나누기

– 식사를 함께 한 후 부모님께 시를 읽어드리고 행복한 우리 가족이 되기 위해 노력해야 할 점에 대해 이야기 나누기

남자들의 약속

이정인

4학년 반 (　　)

남자가 셋이나 되는 집에서
하나뿐인 여자 마음 몰라준다고
엄마가 집을 나갔다.
쓰레기 버리러 나간 엄마가
들어오지 않았다.

엄마가 잘 가는 운동장에도 없고
길 건너 공원을 샅샅이 찾아도 없다.
나는 쿵쿵거리는 가슴으로
다리 밑에도 살펴보았지만
그림자도 보이지 않았다.

집이 발칵 뒤집힌 줄도 모르고
새벽에야 돌아온 엄마,
차 안에서 음악 듣다
그만 잠이 들었단다.

엄마 앞에서 남자끼리 약속했다.
양말 세탁기에 골인하기
자기 이불 자기가 개기
신발 얌전히 벗어 놓기
튀지 않게 오줌 누고 물 꼭 내리기
밥 차릴 때 숟가락 놓기⋯⋯

손꼽아 보니
어려운 일 한 가지도 없다.

1. 역지사지 인물초대석 ☆★질문
☆★ 시인 :
☆★ 엄마 :
☆★ 아빠 :
☆★ 나 :
☆★ 동생 :

2. 친구들과 〈남자들의 약속〉시 속 가족의 모습과 우리 가족의 모습을 비교하여 비슷한 점과 다른 점을 이야기해 봅시다.
 * 우리 가족이랑 어떤 점이 비슷한가?

 * 우리 가족이랑 어떤 점이 다른가?
–아빠:
–엄마:
–아이(들):

3. 내가 도와 드릴 수 있는 집안일은 어떤 것들이 있는지 떠올리며 밑줄 친 시의 일부분을 나의 약속으로 바꾸어 써 봅시다.

[그림 65] 남자들의 약속 활동지

다. 독서 후 단계

1) 『남자들의 약속』 최고의 시 고르기

한 권의 시집을 긴 호흡으로 읽어 보았습니다. 3부에 걸쳐 읽은 시 중에서 마음에 와 닿고 울림이 있는 '나의 최고의 시'를 고릅니다. 포스트잇에 최고의 시 한 편을 이유와 함께 적어 발표한 다음 칠판에 붙입니다. 같은 시는 아래에 꼬리를 붙여서 어느 시가 가장 많은 선택을 받았는지 우리 학급 최고의 시를 선정하고 함께 낭송합니다.

2) 시 활동지 모아서 나의 시집 만들기

매 차시 학습을 하면서 활동을 했던 학습지를 모아서 앞 뒤 표지를 만들어서 나의 시집을 만듭니다. 활동지 순서, 표지의 제목, 차례 등은 각자의 개성을 살려 만들도록 합니다. 뒷면에는 작가의 말처럼 시집 읽기 수업 소감을 적거나 그림으로 표현하도록 합니다.

3) 책 전시회 또는 돌려가며 감상하기

나만의 시집을 전시해서 관람하거나 써클을 만들어 돌려보도록 합니다. 친구들이 고른 시, 내 경험으로 바꾸어 쓴 시, 소감 등 다른 친구들의 글을 읽고 나의 생각과 친구의 생각을 비교하여 봄으로써 서로의 생각이나 느낌이 다르다는 것을 아는 것만으로도 독후 활동의 큰 의미를 새길 수 있습니다.

5. 다음 수업을 위하여

> **※ 시집 읽기 수업을 마치고**
>
> 학급 친구들과 같은 시집 읽기로 한 마음이 되어 가는 아이들의 웃는 모습이 참으로 행복해 보입니다.
> "선생님 오늘 짬짬이 시 낭송해 주시나요?"
> "시집을 잘 고르니까 쉽고 재미있는 시가 진짜 많네요."
> "선생님의 시낭송을 들으면 가슴이 뭉클해요. 저도 그렇게 낭송하고 싶어요."
> "전 이 시가 진짜 맘에 들어요. 우리 엄마도 나한테 똑같이 이런 잔소리를 하시거든요."
> "음식을 보면 자꾸 시가 쓰고 싶어져요"
> "제 마음과 똑 같은 시를 만나며 그 시가 실린 시집을 찾아 읽어요"

학급 전체가 긴 호흡으로 한 권의 시집을 같이 읽은 첫 경험을 통해 아이들은 시집을 잘 고르면 좋은 시들이 엄청 많이 들어 있음을 알게 되었습니다. 다양한 낭송법을 만들어 활용하여 시의 분위기를 살려 재미있게 시를 읽고 시는 시답게 읽는 것이 중요함을 몸소 느끼게 되었습니다.

시집의 시들 중에서 나의 마음이 끌리는 시를 찾아 그 이유를 생각해 보고 친구들과 나누어 보았습니다. 이런 활동을 통해 시와 더 친해지고 친구들의 생각이 나와 비슷하기도 하고 다르기도 함을 자연스럽게 알게 되었습니다. "시는 집이 시집이다." 한 편의 시를 읽고 마음의 공감이 생기면 그 시가 사는 시집을 찾아서 더 많은 시를 읽고 마음을 나누는 우리 아이들이 되었으면 하는 바람을 가져 봅니다.

> 백 번의 잔소리보다 한 편의 시가 우리 아이들의 마음 속에 들어와 심어지면 인성의 꽃이 피고 창의의 열매를 맺게 되며, 이러한 문학적 경험은 아이와 평생을 함께 가는 것입니다. 성장하며 힘들고 어려울 때 마음한 켠에 자리 잡은 한 편의 〈인생 시〉는 살아가는 동안 우리 삶을 지탱해 주는 버팀목이 되어 줄 것입니다.

• 참고 문헌

EBS(2015), 슬로리딩 생각을 키우는 힘, 경향미디어.

교육부(2015), 국어과 교육과정, 교육부 고시 제2015-74호.

교육부(2018), 2015 개정 국어과 교육과정에 따른 초등 5~6학년 국어과 선도교원 연수 자료집.

구민정, 권재원(2012). 학교에서 연극하자, 서울: 도서출판 다른

구민정, 권재원(2014). 수업 중에 연극하자, 서울: 도서출판 다른

김광원(2018), 한 학기 한 권 인문 고전 읽기, 교육과학사.

김명순 · 변혜경(2012), 미시적 읽기의 개념화와 교육적 함의, 새국어교육 90, pp. 285-313, 한국국어교육학회.

다옴교육연구소(2010), 책놀이: 스토리가 있는 독후 활동, 청출판.

문상원 외(2017). 연극으로 놀자, 협력종합예술활동 안내서 '연극편' 서울시 교육청

박경숙 · 강슬기 · 김정욱 · 장소헌 · 강민정(2017), 수업, 슬로리딩과 함께, 살림터.

박정순 · 김연옥 · 성옥자(2017), 한 학기 한 권 깊이 읽기에 빠지다, 북랩.

박형섭(2013), 책하고 놀자, 서해문집.

반정이(2017), 천천히 깊게 읽기 지도 방안, 교원대학교석사학위논문.

서울교육대학교 · 한국교원대학교 국정도서편찬위원회(2019), 초등학교 국어 5-1, 6-1 교사용지도서, ㈜ 미래엔.

서울교육대학교 · 한국교원대학교 국정도서편찬위원회(2019), 초등학교 국어 5-1 · 6-1 교사용지도서, ㈜미래엔

신헌재 외(2018), 한 학기 한 권 읽기 길라잡이, ㈜미래엔.

이경화 외(2018), 세상을 향한 첫걸음 한글 교육 길라잡이, ㈜미래엔

이경화 외(2012), 초등학교 국어 학습부진의 이해와 지도, 박이정

이명진(2010), 지속적 읽기가 읽기 동기에 미치는 영향에 관한 연구, 한양대학교 석사학위 논문.

이선희 · 유기홍 · 박영덕 · 장미영 · 장혜민(2017), 슬로리딩: 한 학기 한 책 읽기, 글누림.

임지희 외(2018), 연극으로 재미있게 수업하기, 대구동부교육지원청

전국초등국어교과모임 연꽃누리(2018), 너와 세상을 만나는 온작품 읽기 1 · 2, 휴머니스트.

전국초등국어교과모임(2016), 이야기 넘치는 교실 온작품 읽기, 북멘토.

전국초등국어교과모임 · 이오덕수업연구소(2017), 온작품 읽기, 휴먼에듀.

전국학교도서관담당교사 경남모임(2013), 콩닥콩닥 신명 나는 책놀이, 단비.

전아영(2003), 지속적 읽기 활동을 통한 읽기 태도 신장 방안 연구, 서울교육대학교 석사학 위논문.

정대근(2015), 기적의 책놀이 멘토링, 행복한 미래.

최규홍 외(2018), 초등 '한 학기 한 권 읽기' 단원 이해하고 적용하기, 대구광역시교육청 연 구보고서.

최영민 · 주예진 · 엄윤아(2017), 교사를 위한 슬로리딩 수업 사용 설명서, 고래북스.

하시모토 다케시, 장민주 역(2012), 슬로리딩: 생각을 키우는 힘, 조선북스.

한국교원대학교 · 서울교육대학교 국정도서편찬위원회(2018), 초등학교 국어 3-1 · 4-1 교사용지도서, ㈜ 미래엔.

한상희(2016), 온작품읽기를 통한 초등 독서 지도 방안 연구, 제주대학교 석사학위논문.